Navigare nell'Intelligenza Artificiale: Guida Completa all'Uso di ChatGPT nella Vita Quotidiana

Dal Comprendere i Fondamenti alla Creazione di Soluzioni: Come Sfruttare ChatGPT per Apprendere, Lavorare e Creare in un Mondo Digitale in Evoluzione

Computer World

1. **Cos'è ChatGPT**
   Origine, sviluppo, differenze tra versioni, e perché è rilevante oggi.
2. **Come funziona ChatGPT**
   Spiegazione base del modello linguistico, apprendimento, e limiti.
3. **Come accedere a ChatGPT**
   Versioni gratuite e a pagamento, differenze tra piani, interfacce disponibili.
4. **Interfaccia e comandi principali**
   Come si scrive un prompt, comandi base, esempi di input ed output.
5. **Scrivere prompt efficaci**
   Tecniche per ottenere risposte migliori e più precise.
6. **ChatGPT per lo studio e la formazione**
   Come usarlo per apprendere, fare ricerche, schematizzare contenuti.
7. **ChatGPT nel lavoro quotidiano**
   Automazione di attività, supporto alla scrittura, generazione di idee.
8. **ChatGPT nella creatività**
   Scrivere storie, poesie, giochi di ruolo, canzoni, ecc.
9. **ChatGPT per la programmazione**
   Aiuto con il codice, debugging, spiegazioni tecniche.
10. **Etica e limiti nell'uso dell'AI**
    Uso consapevole, bias, limiti legali ed etici.
11. **Come verificare le informazioni**
    Controllo delle fonti, differenze tra generazione e verità.

12. **Strumenti avanzati e integrazioni**
    Plugin, API, connessione con altri strumenti (Excel, Notion, ecc.).
13. **Errori comuni da evitare**
    Malintesi frequenti, come interpretarli e risolverli.
14. **Il futuro dell'interazione con l'AI**
    Prospettive, evoluzioni attese, e come prepararsi al cambiamento.

1. Cos'è ChatGPT Origine, sviluppo, differenze tra versioni, e perché è rilevante oggi.

1. Cos'è ChatGPT

ChatGPT è un'intelligenza artificiale conversazionale sviluppata da OpenAI. È progettata per comprendere il linguaggio umano e generare risposte coerenti, utili e spesso sorprendenti in base al contesto della conversazione. Il suo nome deriva da "Chat" (conversazione) e "GPT" (Generative Pre-trained Transformer), che è la tecnologia su cui si basa.

Origine e sviluppo

ChatGPT nasce da una lunga linea di modelli linguistici sviluppati da OpenAI, un'organizzazione di ricerca fondata nel 2015 con la missione di garantire che l'intelligenza artificiale benefici tutta l'umanità.
I principali passaggi evolutivi sono stati:

- **GPT (2018)**: primo esperimento su larga scala con modelli linguistici pre-addestrati.
- **GPT-2 (2019)**: molto più potente, ma inizialmente non rilasciato per timori legati all'uso improprio.

- **GPT-3 (2020)**: il modello che ha reso l'IA accessibile al grande pubblico per la sua capacità di comprendere e generare testi complessi e realistici.
- **ChatGPT (2022)**: interfaccia conversazionale basata su GPT-3.5, con particolare attenzione alla facilità d'uso e all'interazione umana.
- **GPT-4 (2023)**: ancora più avanzato, con una maggiore comprensione del contesto, meno errori e possibilità di interagire anche con immagini.
- **GPT-4.5 e versioni successive (2024–2025)**: miglioramenti continui in capacità di ragionamento, memoria a lungo termine, coerenza delle risposte e interazioni multimodali (testo, immagini, suoni, video).

Differenze tra versioni

- **GPT-3.5**: veloce e leggero, utile per risposte rapide e semplici.
- **GPT-4**: più preciso, migliore nella comprensione del contesto, più affidabile.
- **GPT con strumenti** (come codice, navigazione web, immagini): permette interazioni complesse, come risolvere esercizi di matematica, scrivere codice o analizzare immagini.
- **GPT con memoria (2024+)**: ricorda preferenze, stile, progetti, rendendo l'interazione più personalizzata nel tempo.

Perché è rilevante oggi

ChatGPT è diventato uno strumento fondamentale in molti contesti grazie a tre motivi principali:

1. **Accessibilità**: Chiunque può usarlo, anche senza competenze tecniche.

2. **Versatilità**: È utile per scrivere, programmare, imparare, lavorare, creare.
3. **Accelerazione dell'intelligenza aumentata**: ChatGPT rappresenta un passo verso una nuova era in cui l'intelligenza umana viene potenziata e supportata quotidianamente da strumenti intelligenti.

È molto più di una "chatbot": è una tecnologia che cambia il nostro modo di pensare, lavorare e comunicare.

ChatGPT è il risultato visibile di anni di ricerca nel campo dell'intelligenza artificiale, in particolare della branca del *Natural Language Processing* (NLP), cioè l'elaborazione del linguaggio naturale. A differenza di molti strumenti digitali del passato, che funzionavano solo se gli utenti usavano parole chiave o comandi molto precisi, ChatGPT è capace di comprendere un linguaggio molto simile a quello umano, anche quando è ambiguo, informale o complesso. Questo è possibile grazie a un tipo di architettura chiamata *Transformer*, introdotta da Google nel 2017 in un articolo scientifico intitolato *Attention Is All You Need*. Da quel momento, l'intera comunità di ricerca sull'IA ha iniziato a costruire modelli sempre più grandi e sofisticati basati su questa architettura.

Il principio fondamentale alla base del funzionamento di ChatGPT è la predizione della parola successiva in una sequenza. Sembra semplice, ma non lo è affatto: per generare frasi che abbiano senso, il modello deve "intuire" non solo la grammatica, ma anche il contesto, l'intento comunicativo e persino lo stile di chi scrive. Questo tipo di comprensione richiede una quantità enorme di dati e potenza di calcolo. Per addestrare ChatGPT, OpenAI ha utilizzato una vasta raccolta di testi presi da libri, articoli, conversazioni pubbliche, forum, documentazione tecnica e molto altro. Il modello non "ricorda" direttamente i dati usati, ma apprende delle strutture, dei pattern statistici e delle correlazioni profonde tra parole, concetti e frasi.

Un aspetto interessante è che ChatGPT non “pensa” nel senso umano del termine. Non ha coscienza, opinioni proprie o desideri. Tuttavia, può generare risposte che sembrano profondamente umane perché riesce a imitare i modi in cui gli esseri umani si esprimono. Ad esempio, se gli si chiede di scrivere un discorso motivazionale, saprà usare un tono ispiratore, mentre se si chiede un riassunto tecnico, sarà conciso e preciso. Questo adattamento dinamico è uno dei motivi principali per cui è diventato così popolare.

Dal punto di vista tecnico, ogni versione di ChatGPT ha rappresentato un balzo in avanti nella capacità di elaborazione e comprensione. GPT-3, ad esempio, aveva 175 miliardi di parametri: ogni parametro rappresenta una connessione interna del modello, che viene “aggiustata” durante l’addestramento per migliorare le sue prestazioni. GPT-4 è ancora più avanzato, anche se il numero preciso dei suoi parametri non è stato reso pubblico. Tuttavia, ciò che lo distingue maggiormente non è solo la potenza grezza, ma la qualità delle risposte, la capacità di comprendere istruzioni complesse e mantenere la coerenza nel tempo.

Una delle rivoluzioni più significative introdotte da ChatGPT è la sua interfaccia utente. Prima del 2022, l’interazione con l’intelligenza artificiale era spesso limitata agli sviluppatori o agli esperti. Ma con l’arrivo di un’interfaccia conversazionale accessibile tramite un semplice browser web, l’uso dell’IA è diventato immediatamente democratico. Milioni di persone hanno potuto porre domande, scrivere messaggi, risolvere problemi o semplicemente curiosare, scoprendo che la tecnologia era già molto più avanti di quanto immaginassero.

Inoltre, il nome "ChatGPT" è diventato rapidamente sinonimo di “assistente intelligente”. In molte scuole, uffici e case, è ormai normale rivolgersi a ChatGPT per aiutare con i compiti, scrivere un'email, risolvere un dubbio tecnico, preparare una presentazione o persino per discutere idee personali. Il suo impatto nella vita quotidiana è cresciuto in modo esponenziale proprio per la sua capacità di adattarsi a quasi ogni contesto umano. Eppure, dietro questa semplicità d'uso si cela un'enorme complessità.

La personalizzazione è un'altra area in cui ChatGPT ha fatto grandi progressi. Nelle versioni più recenti, è stata introdotta la possibilità di salvare preferenze, stile di scrittura, tono desiderato e altri dettagli personali che rendono ogni conversazione unica. Questo ha aperto la strada a un uso ancora più sofisticato, quasi come se ciascun utente avesse a disposizione un consulente personale o un collaboratore virtuale in grado di imparare nel tempo. In alcuni casi, ChatGPT può ricordare dettagli da interazioni precedenti e utilizzarli per migliorare la pertinenza delle risposte future, come ad esempio ricordare che un utente preferisce risposte sintetiche, o che lavora in ambito educativo e ha bisogno di esempi didattici.

Un altro aspetto cruciale è la sua capacità di interazione multimodale. Nelle versioni più avanzate, ChatGPT può elaborare non solo testo, ma anche immagini e, in prospettiva, suoni o video. Questo amplia enormemente le possibilità d'uso. Un insegnante può caricare un'immagine e chiedere una lezione basata su di essa, uno studente può ricevere spiegazioni su una formula matematica scritta a mano, un designer può ottenere feedback su un progetto visivo, tutto nella stessa interfaccia. Questo tipo di interazione riflette sempre più fedelmente la varietà di stimoli sensoriali e cognitivi che caratterizzano l'esperienza umana.

Sul piano sociale, ChatGPT sta trasformando anche il modo in cui concepiamo la conoscenza e l'apprendimento. In passato, acquisire competenze richiedeva spesso lunghi percorsi formativi, accesso a fonti affidabili e la mediazione di esperti. Ora, grazie a un'interfaccia come ChatGPT, chiunque può avvicinarsi a concetti complessi, porre domande immediate e ricevere spiegazioni personalizzate. Questo ha un impatto enorme sull'inclusione digitale e culturale, perché abbassa drasticamente le barriere d'accesso all'informazione. Allo stesso tempo, solleva nuove questioni sul ruolo della scuola, sull'affidabilità delle fonti, e sulla necessità di sviluppare un pensiero critico anche nell'uso delle tecnologie.

Anche il mondo del lavoro ha iniziato ad adattarsi. ChatGPT è già impiegato in settori come il customer service, la consulenza, la progettazione di contenuti, la scrittura pubblicitaria, l'analisi dati, l'automazione di flussi informativi, e persino nel recruiting. Le aziende iniziano a formare i dipendenti su come usare l'IA generativa come alleato e non come minaccia, promuovendo l'idea che l'essere umano resti centrale, ma sempre più potenziato da strumenti intelligenti. In parallelo, sono emersi nuovi ruoli professionali come il "prompt engineer" o il "curatore di contenuti AI", segnali evidenti di una trasformazione in corso che sta ridisegnando il concetto stesso di competenza.

Un'ulteriore sfaccettatura riguarda l'uso personale e quotidiano. Alcuni utenti usano ChatGPT per pianificare viaggi, scrivere lettere, riformulare messaggi difficili da inviare, cercare consigli su relazioni, salute, crescita personale. Sebbene non sostituisca un terapeuta, un medico o un consulente umano, può offrire un punto di partenza per riflettere, organizzare le idee, esplorare scenari. Il modo in cui le persone si rivolgono a ChatGPT rivela spesso un bisogno profondo di confronto, ascolto e guida, che la tecnologia riesce parzialmente a soddisfare con il solo potere della parola scritta.

Un altro elemento fondamentale per comprendere la natura di ChatGPT è la distinzione tra il modello in sé e l'interfaccia che lo rende accessibile. Il modello, cioè GPT-3.5, GPT-4 o successive versioni, è un'entità matematica complessa composta da miliardi di connessioni neurali, simile a un cervello digitale, sebbene privo di coscienza o intenzionalità. Questo cervello artificiale è stato costruito per riconoscere le regolarità nei dati testuali e per produrre, in risposta, una sequenza coerente di parole che simuli il linguaggio umano. Ma ciò che consente alle persone comuni di dialogare con questa struttura così sofisticata è un'interfaccia utente curata, intuitiva e costantemente migliorata, che ne semplifica enormemente l'accesso. Questo connubio tra potenza tecnica e accessibilità d'uso ha reso ChatGPT uno degli strumenti digitali a più rapida adozione della storia: milioni di utenti nei primi mesi, decine di milioni dopo pochi trimestri, e oggi un'infrastruttura globale in crescita costante.

Una delle ragioni per cui ChatGPT ha avuto un impatto così vasto risiede nella sua capacità di agire come "simulatore generalista". A differenza di software tradizionali progettati per compiti specifici – come un calcolatore, un elaboratore testi o un'app di messaggistica – ChatGPT può simulare il comportamento linguistico di moltissime figure: può assumere il tono di un avvocato, rispondere come un medico, raccontare storie come un romanziere, offrire spiegazioni come un professore di fisica, o scrivere codice come un ingegnere informatico. Naturalmente, le sue risposte non sostituiscono la competenza di un esperto umano, ma la sua versatilità lo rende uno strumento capace di adattarsi a una molteplicità di contesti con una rapidità e una flessibilità che non ha precedenti nel campo dell'informatica.

La capacità di simulazione deriva da una componente centrale della sua struttura: l'addestramento auto-supervisionato. In pratica, ChatGPT non è stato addestrato leggendo solo frasi corrette e ricevendo spiegazioni su di esse. Al contrario, ha imparato osservando enormi quantità di testo e cercando di prevedere la parola successiva in milioni di frasi. Questo tipo di apprendimento non supervisionato ha portato alla formazione di una rappresentazione interna complessa del linguaggio, che non si basa su regole rigide, ma su una rete di probabilità e relazioni semantiche. Ciò consente a ChatGPT di intuire il significato implicito di una frase, riconoscere giochi di parole, rispondere a metafore, o persino comprendere doppi sensi, con una naturalezza sorprendente.

La generazione del linguaggio avviene attraverso un processo detto *sampling*, in cui il modello sceglie una parola alla volta tra le più probabili, costruendo la risposta passo dopo passo. A seconda delle impostazioni del sistema – come la temperatura, che regola il livello di creatività o variabilità delle risposte – il comportamento del modello può risultare più rigoroso o più fantasioso. Ad esempio, con una temperatura bassa, ChatGPT tenderà a generare risposte più prevedibili e precise; con una temperatura alta, le risposte diventeranno più creative, talvolta anche eccentriche. Questo rende possibile un controllo sottile sul tono della conversazione, che può essere adattato alle esigenze dell'utente: formale o informale, tecnico o divulgativo, sintetico o narrativo.

Un'altra caratteristica chiave che ha portato ChatGPT a diventare uno strumento centrale nel panorama digitale è la sua neutralità apparente. Non avendo emozioni, preferenze o giudizi morali propri, può riflettere una grande varietà di prospettive, a seconda delle istruzioni ricevute. Tuttavia, questa neutralità non è assoluta: il modello riflette, almeno in parte, i valori e i dati con cui è stato addestrato. Per evitare derive dannose, OpenAI ha introdotto filtri e meccanismi di sicurezza, noti come *guardrails*, che impediscono al sistema di generare contenuti offensivi, pericolosi o illegali. Questi sistemi di sicurezza sono continuamente aggiornati per migliorare la qualità dell'esperienza utente e ridurre i rischi legati a un uso improprio.

Nel corso del suo sviluppo, ChatGPT ha anche acquisito capacità che vanno oltre la semplice comprensione testuale. Grazie a integrazioni successive, oggi è in grado di scrivere codice in diversi linguaggi di programmazione, di analizzare testi complessi come contratti, leggi, articoli scientifici, di produrre traduzioni tra decine di lingue e di assistere nella generazione di contenuti multilingue per il web e i social media. Il suo impatto è così vasto da aver suscitato numerose discussioni in ambito educativo, legale, economico e persino politico. Alcune scuole e università si sono interrogate sul ruolo che dovrebbe avere nell'apprendimento: da strumento didattico a potenziale scorciatoia. Alcune aziende, invece, lo hanno adottato come parte integrante della loro produttività quotidiana.

Il concetto stesso di "intelligenza artificiale generativa", che oggi è sulla bocca di tutti, è emerso proprio grazie al successo di strumenti come ChatGPT. Prima del 2022, l'idea di un'IA capace di "scrivere" testi era vista con diffidenza, e spesso relegata a scenari futuristici o fantascientifici. Dopo la diffusione di ChatGPT, invece, si è compreso che la generazione automatica di contenuti non è solo possibile, ma anche utile, veloce e in certi casi sorprendentemente creativa. Ciò ha aperto la porta a una nuova forma di collaborazione tra esseri umani e macchine, non più limitata a calcoli o compiti ripetitivi, ma estesa all'immaginazione, alla narrazione, alla progettazione.

La relazione che si instaura tra utente e ChatGPT è spesso paragonata a quella con un collaboratore invisibile, sempre disponibile, instancabile e in grado di adattarsi. Alcune persone sviluppano abitudini comunicative particolari, creando veri e propri rituali nell'uso del modello: alcuni usano ChatGPT per rifinire i propri pensieri prima di una riunione, altri per esplorare scenari alternativi, per simulare discussioni difficili o anche per scrivere lettere che non avrebbero mai il coraggio di inviare. Questo tipo di relazione solleva domande profonde sulla solitudine digitale, sull'intimità tra uomo e macchina, e su come stia cambiando il nostro modo di pensare e interagire con la tecnologia.

Dal punto di vista linguistico, ChatGPT si dimostra particolarmente abile nella gestione delle sfumature del significato. Può distinguere tra sinonimi sottili, cogliere la differenza tra un tono ironico e uno sarcastico, gestire dialoghi realistici, e mantenere una coerenza logica anche in conversazioni molto lunghe. Sebbene ogni tanto si possano osservare errori o incoerenze, soprattutto quando il discorso si prolunga molto o tocca argomenti ambigui, la qualità generale delle sue produzioni ha superato di gran lunga le aspettative iniziali. Il livello di fluidità raggiunto è tale che molti utenti dimenticano di star interagendo con un'intelligenza artificiale, almeno fino a quando non si presenta un errore evidente o una risposta generica.

ChatGPT rappresenta un punto di incontro tra scienza, linguistica, informatica e cultura contemporanea. Non si tratta soltanto di un sistema che produce testo, ma di un'interfaccia che espone in tempo reale la potenza delle reti neurali artificiali e la loro capacità di simulare l'intelligenza umana, non attraverso la replica dei processi biologici ma tramite la modellazione matematica delle probabilità linguistiche. Il modello, addestrato su dataset enormi, ha interiorizzato strutture linguistiche, coerenze logiche e persino riferimenti culturali diffusi, riuscendo a simulare conversazioni con un livello di realismo che, fino a pochi anni fa, era considerato irraggiungibile.

Nel dialogare con ChatGPT, si ha spesso la sensazione di parlare con un'entità dotata di "comprensione", ma è importante sottolineare che questa è un'illusione prodotta dalla coerenza statistica della risposta, non da una reale esperienza del mondo. Il modello non ha una "mente" o una memoria autobiografica: le risposte che produce si basano interamente sul calcolo della parola o della frase più probabile a partire dal prompt dell'utente, senza alcuna consapevolezza di ciò che viene detto o richiesto. Tuttavia, questa mancanza di consapevolezza non impedisce all'IA di partecipare a discussioni complesse, generare contenuti altamente pertinenti o risolvere problemi reali, proprio perché ha assorbito, durante l'addestramento, una quantità immensa di informazioni strutturate.

Nel contesto delle lingue, ChatGPT si è rivelato capace di gestire l'interlingua in modo sorprendente. Può tradurre tra lingue diverse, mantenere lo stile originale, e persino riconoscere giochi di parole o espressioni idiomatiche che hanno significati molto specifici nelle diverse culture. In italiano, ad esempio, è in grado di distinguere tra registro formale e colloquiale, di gestire l'uso delle coniugazioni verbali e di produrre testi che rispettano le regole della nostra grammatica complessa. Questo apre scenari educativi e professionali molto ampi: può essere usato per migliorare le competenze linguistiche, per generare bozze di testi da rifinire, o anche per esplorare la traduzione creativa in ambito letterario.

Dal punto di vista della produttività individuale, ChatGPT si è ormai integrato nei flussi di lavoro quotidiani di moltissimi utenti. Viene utilizzato per redigere e-mail, sintetizzare documenti, riassumere testi lunghi, strutturare presentazioni, generare codice, risolvere bug o persino per fare brainstorming. La sua capacità di sintetizzare informazioni, creare strutture logiche e proporre alternative in modo rapido ha reso lo strumento molto più di un assistente digitale: è diventato un'estensione cognitiva dell'individuo, una sorta di "copilota mentale" che accelera il pensiero, amplifica la creatività e riduce il carico cognitivo richiesto da compiti ripetitivi.

Nel campo accademico e scientifico, ChatGPT è stato impiegato per redigere abstract, generare domande di ricerca, esplorare connessioni interdisciplinari e anche per simulare discussioni su articoli complessi. Nonostante i limiti nella comprensione profonda e nella verifica dei fatti, l'IA può servire da punto di partenza per la formulazione di ipotesi, per la revisione di testi e per la riformulazione di argomentazioni. Alcuni ricercatori lo utilizzano per testare la chiarezza dei propri scritti: se ChatGPT "capisce" un testo tecnico, è probabile che anche un pubblico non specialistico possa farlo. Questo uso “riflessivo” del modello si affianca a quello produttivo, generando una nuova categoria di strumenti: quelli che non si limitano a produrre, ma che aiutano a pensare meglio.

Anche l’integrazione con altre tecnologie ha contribuito all’evoluzione di ChatGPT. Collegandolo ad API, strumenti di automazione, fogli di calcolo, piattaforme di sviluppo software, sistemi di gestione dei contenuti o database, è possibile creare applicazioni complesse che sfruttano la potenza del linguaggio naturale per automatizzare flussi di lavoro tradizionalmente rigidi. Un esempio concreto è l’uso di ChatGPT per generare report automatici sulla base di dati inseriti in un gestionale aziendale, oppure la creazione di script Python su misura a partire da descrizioni in linguaggio naturale. Questo rappresenta un passaggio significativo: si tratta di un’intelligenza che non si limita a spiegare o conversare, ma che *agisce*, traducendo la comprensione del linguaggio in operazioni concrete e programmabili.

Sul piano psicologico, l’interazione con ChatGPT solleva domande sul nostro modo di relazionarci con l’intelligenza artificiale. Alcuni utenti sviluppano un senso di confidenza, come se l’interlocutore artificiale potesse offrire uno spazio neutro per esprimersi, senza giudizi. Altri lo usano come “specchio” per osservare i propri pensieri, riformularli, o prepararli al confronto con altri esseri umani. L’effetto che questo ha sulla mente umana è ancora oggetto di studio, ma è chiaro che la presenza costante e reattiva di una voce sintetica che risponde con coerenza e attenzione può produrre un impatto emotivo, persino affettivo. Non a caso, alcuni utenti descrivono ChatGPT come un “compagno di pensieri”, un “secondo cervello”, o un “editor silenzioso”.

L’adozione in ambito pubblico e istituzionale è anch’essa in crescita. Alcune amministrazioni locali e nazionali stanno sperimentando l’uso dell’intelligenza artificiale per rendere più accessibili le informazioni amministrative, per assistere nella compilazione di moduli, o per semplificare la comunicazione con i cittadini. Anche il mondo sanitario, pur con le dovute cautele, sta esplorando ChatGPT come strumento di supporto nella redazione di documenti clinici, nella generazione di piani terapeutici basati su linee guida, o nella formazione del personale. In questi casi, è fondamentale ricordare che il modello non ha accesso diretto a dati clinici reali e non deve essere usato per sostituire il giudizio medico, ma il potenziale di affiancamento è evidente.

Nel settore legale, ChatGPT viene utilizzato per analizzare sentenze, generare bozze di contratti, tradurre clausole giuridiche e spiegare concetti complessi in termini accessibili. Alcuni studi legali lo impiegano come strumento preliminare per orientarsi tra normative complesse prima di passare all'analisi specialistica. Anche in questo caso, il modello non ha autorità giuridica, ma può fungere da ponte tra il linguaggio altamente tecnico del diritto e la comprensione di chi non è giurista. Questo ha un valore educativo, divulgativo e operativo molto rilevante.

Un ulteriore ambito di utilizzo riguarda la scrittura creativa. ChatGPT viene ormai comunemente impiegato da scrittori, sceneggiatori, pubblicitari e content creator per esplorare stili narrativi, sviluppare personaggi, testare dialoghi, strutturare capitoli e persino generare sinossi. La sua capacità di "imitare" stili letterari diversi – dal gotico al cyberpunk, dal realismo psicologico alla fiaba per bambini – consente agli autori di sperimentare idee nuove o di superare momenti di blocco creativo. Alcuni lo usano come "palestra narrativa", interagendo con il modello per esercitarsi nella scrittura o per migliorare la propria capacità di revisionare testi.

In conclusione, comprendere cos'è ChatGPT significa andare ben oltre l'idea di un semplice chatbot o di uno strumento utile per risparmiare tempo. ChatGPT è l'espressione di un nuovo paradigma tecnologico: un modello linguistico avanzato che, grazie a miliardi di parametri e a un processo di addestramento su scala planetaria, è in grado di generare testo coerente, informato e contestuale, simulando una conversazione naturale. La sua essenza non sta in una presunta intelligenza autonoma, ma nella capacità di attingere alla ricchezza del linguaggio umano per offrire risposte pertinenti, creative, organizzate secondo logiche probabilistiche derivate dall'esperienza testuale accumulata.

Il suo impatto si riflette in molteplici ambiti: dalla scrittura alla programmazione, dall'insegnamento alla comunicazione, dalla creatività individuale alla produttività aziendale. È diventato un alleato digitale, un acceleratore del pensiero, un mediatore tra complessità e sintesi. Il tutto senza possedere emozioni, coscienza o volontà, ma attraverso una sofisticata architettura algoritmica che sa interpretare gli input dell'utente come stimoli linguistici, da cui far emergere una risposta costruita parola per parola, in tempo reale.

La sua storia, dai primi esperimenti di OpenAI con GPT-1 fino alla versione più avanzata disponibile oggi, è una testimonianza di quanto rapidamente stia evolvendo l'Intelligenza Artificiale Generativa. Le differenze tra versioni – come GPT-3.5, GPT-4 o GPT-4.5 – non sono soltanto numeriche, ma concettuali: ogni nuova iterazione migliora la profondità di comprensione, la capacità di ragionamento, la precisione nella risposta e la contestualizzazione degli argomenti. E con l'introduzione della modalità multimodale (testo, immagini, documenti, codice), il confine tra umano e digitale si fa sempre più poroso.

ChatGPT oggi non è solo un modello: è anche una piattaforma, un ecosistema di strumenti e applicazioni, una risorsa in continua espansione. Può essere integrato in siti web, app, strumenti di automazione, ambienti educativi, software creativi. Può adattarsi alle esigenze individuali, ai bisogni aziendali, ai percorsi formativi. E questo lo rende, al tempo stesso, un oggetto di uso quotidiano e un oggetto di riflessione collettiva. Le questioni etiche, legali e sociali che lo accompagnano – come la tutela della privacy, il rischio di disinformazione, l'autenticità dei contenuti – sono parte integrante della sua definizione, e non possono essere separate dal suo funzionamento tecnico.

Sapere cos'è ChatGPT, quindi, significa riconoscere il suo ruolo nella nostra epoca: un'intelligenza artificiale al servizio del linguaggio, che trasforma il modo in cui pensiamo, comunichiamo, apprendiamo e lavoriamo. Uno specchio tecnologico della mente umana, potente ma non perfetto, utile ma da comprendere a fondo, promettente ma da maneggiare con responsabilità. Uno strumento che, pur essendo costruito su basi matematiche, ha come materia prima la parola – e attraverso la parola, tocca ogni aspetto della nostra cultura.

2. Come funziona ChatGPT Spiegazione base del modello linguistico, apprendimento, e limiti.

ChatGPT funziona grazie a una tecnologia chiamata **modello linguistico di grandi dimensioni** (in inglese *Large Language Model*, o LLM), basata sull'architettura *Transformer*, introdotta da Google nel 2017. Questo tipo di modello ha la capacità di processare enormi quantità di testo e apprendere le relazioni tra le parole e i concetti tramite un meccanismo chiamato **attenzione**. L'attenzione permette al modello di "concentrarsi" su determinate parti del testo mentre genera una risposta, in modo simile a come un essere umano presta attenzione a certe parole in una frase per comprenderne il significato complessivo.

Il processo di apprendimento di ChatGPT si divide in due fasi principali: **pre-training** e **fine-tuning**. Nel pre-training, il modello viene addestrato su vasti insiemi di dati testuali presi da internet – libri, articoli, siti web, conversazioni – per apprendere la struttura del linguaggio e le connessioni semantiche. Durante questa fase, il modello non impara informazioni "fisse", ma sviluppa una sorta di intuizione statistica su cosa è probabile che venga dopo una determinata sequenza di parole.

Successivamente, nel **fine-tuning**, il modello viene perfezionato con dati più selezionati e supervisionati, spesso con l'intervento di esseri umani (attraverso tecniche come l'*RLHF*, Reinforcement Learning from Human Feedback). In questa fase, gli addestratori umani valutano le risposte del modello, assegnano punteggi di qualità, e guidano il modello verso comportamenti più utili, sicuri e coerenti con le aspettative umane. È così che ChatGPT ha imparato, ad esempio, a dire "non lo so" quando una domanda esula dalle sue competenze, oppure a rifiutare richieste pericolose o inappropriate.

Il cuore del funzionamento di ChatGPT si basa su una tecnica chiamata **predizione autoregressiva**: il modello, dato un input testuale, genera una risposta scegliendo una parola alla volta, in base alla probabilità che quella parola sia la più adatta a seguire le precedenti. Questa sequenza si ripete fino a quando non si raggiunge un limite di lunghezza o si verifica una condizione di arresto.

Ma per quanto avanzato, ChatGPT ha dei **limiti importanti**. Innanzitutto, **non ha accesso a internet in tempo reale** (a meno che non sia integrato con strumenti esterni come il browser o plug-in specifici): ciò significa che le informazioni fornite si basano su quanto il modello ha "visto" durante l'addestramento, che può essere aggiornato solo in nuove versioni. Inoltre, ChatGPT **non ha memoria degli eventi personali dell'utente** (salvo nei casi in cui la funzione "memoria" è attiva in modo consapevole), e **non ha consapevolezza di sé** né comprende il significato come farebbe un essere umano. Le sue risposte sono costruite attraverso pattern linguistici, non da una comprensione vera e propria del contenuto.

Un altro limite importante riguarda la **veridicità**: ChatGPT può generare risposte che sembrano corrette ma sono **factualmente sbagliate**, un fenomeno noto come *hallucination*. Questo accade perché il modello tende a favorire la coerenza linguistica e la fluidità del testo piuttosto che la verifica dei fatti. Per questo motivo, ChatGPT non può essere considerato una fonte di verità assoluta, ma piuttosto uno strumento utile per generare idee, esplorare argomenti e supportare compiti creativi o analitici, sempre sotto la supervisione critica dell'utente.

Il funzionamento di ChatGPT si basa su una serie di principi matematici e computazionali estremamente sofisticati, che operano nel tentativo di simulare il linguaggio umano con un'accuratezza sorprendente. Al centro di tutto c'è l'architettura dei **Transformer**, un'innovazione che ha rivoluzionato il campo dell'intelligenza artificiale linguistica, superando i precedenti modelli sequenziali come LSTM e GRU. I Transformer operano in parallelo anziché in sequenza, il che consente un'elaborazione molto più efficiente del linguaggio su larga scala, anche su testi lunghi, mantenendo una coerenza globale nelle risposte.

Questa architettura è composta da **strati di attenzione multi-testa** (multi-head attention), che permettono al modello di guardare contemporaneamente a diverse parti di una frase, attribuendo a ciascuna parola un "peso" contestuale in relazione alle altre. Per esempio, in una frase come "La ragazza vide il cane mentre correva verso il parco", l'ambiguità di chi stia effettivamente correndo può essere gestita attraverso la valutazione delle relazioni contestuali tra i soggetti e i verbi, e il meccanismo di attenzione aiuta il modello a "decidere" a quale parte della frase dare maggiore importanza nel momento in cui genera la continuazione o l'interpretazione.

Il modello è costruito attorno a **decine di miliardi di parametri**, che sono i "numeri" che definiscono i pesi delle connessioni interne e che determinano come ChatGPT produce le sue risposte. Questi parametri vengono aggiornati durante il processo di apprendimento automatico, tramite ottimizzazione gradient descent e retropropagazione, due concetti fondamentali del machine learning. Ogni parametro agisce come un minuscolo interruttore che decide quale informazione favorire o penalizzare all'interno della rete neurale. Quando il numero di parametri supera i 100 miliardi, come nel caso di GPT-4 e modelli successivi, la capacità del sistema di cogliere sfumature linguistiche, stilistiche e semantiche aumenta in modo drammatico.

Uno degli aspetti più affascinanti di ChatGPT è la sua abilità di apprendere il linguaggio senza una comprensione semantica formale. Non ha una "mappa del significato" interna, ma apprende dalle regolarità nel linguaggio stesso. Questo apprendimento è **auto-supervisionato**: il modello cerca di predire le parole successive in una frase a partire da quelle precedenti, e il margine di errore (detto *loss*) viene usato per aggiustare i parametri interni. Questo processo è ripetuto trilioni di volte, fino a quando il modello diventa estremamente abile nel produrre testo coerente, fluido e pertinente. È importante notare che durante questa fase, non c'è una conoscenza strutturata come quella che si trova in un'enciclopedia: la conoscenza è diffusa in tutto il sistema in forma distribuita, come pattern statistici.

L'interazione con l'utente avviene attraverso il **prompting**, ovvero l'inserimento di un testo di partenza che guida la generazione della risposta. Questo processo si basa sul concetto di completamento del testo, non di risposta a una domanda in senso stretto. Infatti, ChatGPT non "capisce" la domanda nel senso umano del termine: analizza le probabilità di completamento in base a ciò che è stato scritto e produce la risposta che statisticamente più si adatta a quella sequenza.

Tuttavia, grazie alla quantità e varietà di dati con cui è stato addestrato, riesce a comportarsi come se avesse effettivamente compreso il senso delle domande poste.

Un altro elemento fondamentale del funzionamento del modello è la **tokenizzazione**. Le parole non sono trattate come unità intere, ma vengono scomposte in segmenti più piccoli chiamati *token*. Ad esempio, una parola complessa come "incomprensibilità" potrebbe essere suddivisa in token come "in", "compren", "sibil", "ità". Questo consente al modello di gestire parole sconosciute o derivate, e di trattare il linguaggio con maggiore flessibilità. Ogni token viene poi trasformato in un vettore numerico attraverso un sistema chiamato *embedding*, che colloca quel token in uno spazio multidimensionale in cui le relazioni tra parole diventano distanze geometriche. Parole simili o semanticamente connesse si trovano vicine in questo spazio vettoriale.

Nonostante tutta questa complessità, ChatGPT è limitato da ciò che ha appreso e da come è stato addestrato. Non può accedere direttamente alla realtà o verificare un'informazione nel momento in cui viene richiesta. Non possiede senso comune nel modo in cui lo intendiamo noi, né può aggiornarsi da solo con nuove informazioni apprese dagli utenti, a meno che non venga riaddestrato in una nuova versione. Inoltre, il modello ha una **finestra di contesto** limitata: può considerare solo un certo numero di token alla volta (ad esempio, 8.000, 32.000 o più in alcuni modelli avanzati), e quindi perde la "memoria" dei contenuti più vecchi quando si superano questi limiti, generando risposte potenzialmente incoerenti nei dialoghi molto lunghi.

L'interazione con ChatGPT può anche essere influenzata da tecniche di **prompt engineering**, ovvero l'arte di formulare richieste precise e ben strutturate per ottenere il miglior risultato possibile. Cambiando l'ordine delle parole, l'uso dei verbi, o il livello di dettaglio, si possono ottenere risposte molto diverse. Questo accade perché il modello risponde in base al *tono* e alla *forma* del prompt, non solo al suo contenuto informativo. Per esempio, una domanda posta in modo formale può produrre una risposta più accademica, mentre una richiesta informale o umoristica porterà a una risposta più giocosa. Ciò rende fondamentale saper "parlare con l'IA" in modo strategico per trarne il massimo beneficio.

Se vuoi, posso continuare a sviluppare questo punto in modo ancora più approfondito, esplorando altri aspetti come la gestione dei bias, l'uso nei diversi contesti applicativi, i sistemi di controllo interno, o la modalità conversazionale nel tempo.

Oltre ai meccanismi interni del modello e alle sue strutture matematiche, è fondamentale comprendere come ChatGPT venga gestito e modellato **nell'interazione concreta con gli utenti**, perché questo aspetto incide profondamente sul suo comportamento finale. Anche se il cuore del sistema è il modello pre-addestrato, tutto ciò che riguarda l'interfaccia utente, il contesto della conversazione e la configurazione dei parametri gioca un ruolo nel determinare il tipo di risposte generate. Ad esempio, esistono "temperature" diverse che possono essere impostate per variare il grado di creatività o imprevedibilità della risposta. Una temperatura bassa (es. 0.2) rende le risposte più deterministiche e ripetibili, mentre una temperatura alta (es. 0.8 o 1.0) permette maggiore varietà, innovazione, e talvolta anche errori più frequenti. Questa possibilità è cruciale per personalizzare l'esperienza a seconda dell'obiettivo: chi cerca una risposta precisa e tecnica può optare per un'impostazione conservativa, mentre chi cerca idee per un racconto o un brainstorming creativo può spingere su una maggiore varietà.

Un altro concetto centrale è quello di **context window** o finestra di contesto, cioè la quantità massima di testo che il modello può considerare in un'unica interazione. Questo numero è limitato dalla progettazione stessa del modello e varia a seconda della versione in uso. GPT-3.5, ad esempio, lavora generalmente con una finestra da 4.096 token, mentre versioni più avanzate come GPT-4 Turbo arrivano anche a 128.000 token. Tuttavia, nonostante queste cifre elevate, la comprensione da parte del modello tende a degradarsi man mano che ci si avvicina al limite, specialmente se non sono presenti istruzioni chiare o riferimenti ben strutturati. Questo comporta che le conversazioni molto lunghe possano vedere il modello "dimenticare" parti precedenti del dialogo o perdere coerenza.

Da un punto di vista operativo, è importante sottolineare che ChatGPT non legge effettivamente il contenuto come un umano, ma codifica ogni parte della conversazione in numeri, confronta quelle sequenze con miliardi di altri esempi visti durante l'addestramento, e stima quale output sia più probabile dato il contesto corrente. Questo significa che la ripetibilità delle risposte non è garantita se non in contesti molto controllati. Anche una variazione minima nel prompt può cambiare sensibilmente la risposta, il che riflette la natura stocastica del modello. Questa caratteristica lo rende molto potente ma anche potenzialmente imprevedibile, ed è per questo che molti utenti imparano, col tempo, a "giocare" con i prompt per ottenere la risposta più adatta alle proprie esigenze.

Dal punto di vista dell'architettura tecnica, l'elaborazione delle richieste da parte di ChatGPT avviene tramite potenti infrastrutture cloud, spesso basate su hardware specializzato come **GPU** o **TPU**, capaci di gestire miliardi di calcoli al secondo. Ogni volta che un utente scrive un messaggio, quel testo viene inviato al server, tokenizzato, elaborato, e la risposta viene restituita sotto forma di testo generato in tempo reale. La latenza è contenuta grazie all'ottimizzazione delle risorse e al caching dei modelli nei data center. In ambienti professionali, ChatGPT può essere integrato tramite **API** (Application Programming Interface), che permettono a sviluppatori, aziende e servizi digitali di sfruttare il potere del linguaggio naturale in modo flessibile, anche con regole personalizzate o combinazioni con altre fonti di dati.

Un'area particolarmente delicata è quella legata ai **bias**, cioè le inclinazioni sistematiche nei dati o nei comportamenti del modello. Poiché ChatGPT è stato addestrato su testi prodotti da esseri umani, è inevitabile che rifletta – almeno in parte – le disuguaglianze, gli stereotipi o le opinioni diffuse nei dati originali. Anche se OpenAI e altre organizzazioni impegnate nello sviluppo dei LLM cercano attivamente di ridurre questi bias attraverso tecniche di filtraggio, monitoraggio e regolazione del comportamento, non esiste un sistema completamente neutrale. Questo pone problemi importanti sia dal punto di vista dell'equità che dell'affidabilità, specialmente quando il modello viene usato per prendere decisioni o influenzare contenuti sensibili, come quelli riguardanti la salute, la politica o l'identità culturale.

Un'altra importante caratteristica del funzionamento di ChatGPT è la sua capacità di **seguire istruzioni complesse**, grazie a un raffinamento continuo delle tecniche di addestramento supervisionato. Gli sviluppatori hanno messo a punto set di dati specifici in cui il modello è stato esposto a compiti come "scrivi un saggio", "spiega questo codice", "traduce questa frase", e migliaia di altre istruzioni, in modo da rafforzare la sua abilità di rispondere in modo utile, rispettoso, e centrato sul compito richiesto. Ciò differenzia ChatGPT da modelli precedenti meno specializzati, che tendevano a generare risposte più generiche e meno aderenti alle aspettative dell'utente.

Un aspetto affascinante del funzionamento del modello è la **capacità di generalizzare**, ovvero di applicare conoscenze imparate in un contesto a situazioni nuove. Anche se ChatGPT non "comprende" nel senso umano, è in grado di ricombinare frammenti di conoscenza in modo creativo e adattivo. Per esempio, può sintetizzare un concetto scientifico in modo accessibile, creare analogie tra argomenti distanti, oppure trovare connessioni tra dati sparsi. Questo lo rende un eccellente strumento per la **trasformazione del linguaggio**, sia per semplificare che per rendere più complesso un testo, per riformularlo in chiave poetica o per adattarlo a pubblici diversi.

Se desideri, posso continuare ad approfondire ulteriormente altri aspetti del funzionamento di ChatGPT, come la gestione del tono emotivo, le modalità di personalizzazione tramite profili o istruzioni persistenti, o ancora i meccanismi interni che regolano la censura, la moderazione dei contenuti, e l'autocontrollo linguistico. Vuoi che prosegua?

Concludendo, il funzionamento di ChatGPT rappresenta l'unione straordinaria tra ingegneria computazionale, linguistica statistica e intelligenza artificiale avanzata, realizzando un sistema in grado di produrre linguaggio naturale in maniera coerente, versatile e contestualmente pertinente. Alla base del suo comportamento vi è l'architettura Transformer, che permette al modello di gestire contemporaneamente relazioni tra parole e frasi su scale temporali diverse, attraverso meccanismi di attenzione che assegnano pesi contestuali alle sequenze di testo. Questo rende ChatGPT capace di mantenere coerenza interna, rilevare ambiguità linguistiche, e generare risposte che rispecchiano il tono e la complessità richiesti dal prompt.

Il modello non possiede comprensione cosciente o senso del significato nel modo umano, ma funziona tramite pattern statistici appresi su un'enorme quantità di testi, distribuiti in reti neurali profonde composte da miliardi di parametri. Questi parametri non conservano informazioni come in un'enciclopedia, bensì rappresentano relazioni probabilistiche astratte tra le unità linguistiche, organizzate attraverso il processo di addestramento auto-supervisionato, durante il quale il modello ha imparato a predire la parola successiva in un'infinità di contesti diversi. Da questo apprendimento derivano le sue competenze linguistiche e le sue apparenti capacità di "comprensione".

L'esperienza dell'utente con ChatGPT è in gran parte determinata dalla qualità del prompt, che guida il modello nella scelta del completamento più adeguato tra milioni di possibilità. Il prompting diventa quindi uno strumento essenziale per orientare il comportamento dell'IA, sia a livello creativo che funzionale. La struttura tokenizzata del testo, gestita tramite embedding vettoriali, consente al sistema di operare su unità minime del linguaggio in modo flessibile e scalabile. A questo si affianca la possibilità di controllare il comportamento generativo attraverso parametri tecnici come la temperatura, il top-p sampling e la lunghezza massima della risposta, che influenzano direttamente il grado di imprevedibilità, coerenza o formalità nella generazione testuale.

Nel contesto operativo, ChatGPT funziona in ambienti cloud ad alta potenza computazionale, il che gli consente di offrire risposte quasi in tempo reale a milioni di utenti, con capacità di elaborazione parallela su larga scala. Questo lo rende adatto non solo a usi individuali, ma anche all'integrazione nei processi aziendali, nei software educativi, nei servizi pubblici, e nelle piattaforme di customer care, grazie alla disponibilità delle API.

Tuttavia, il sistema presenta anche limiti strutturali che è importante comprendere per un uso consapevole. I principali includono la finestra di contesto, la non permanenza della memoria nei modelli pubblici (salvo contesti personalizzati), la dipendenza dai dati di addestramento pre-2023 (nelle versioni statiche), e la possibilità che emergano bias o allucinazioni informative, ovvero risposte plausibili ma errate. A questi si aggiunge la mancanza di una conoscenza aggiornata in tempo reale, a meno che non sia integrato con strumenti esterni di browsing o connesso a basi dati dinamiche.

In definitiva, ChatGPT è uno strumento di linguaggio estremamente potente, ma non infallibile, progettato per assistere e potenziare l'attività umana piuttosto che sostituirla. Per sfruttarlo al meglio è necessario comprendere sia il suo funzionamento interno che i suoi limiti, imparando a interagire con esso in modo strategico, etico e consapevole. Questo approccio consente non solo di ottenere risposte più utili e pertinenti, ma anche di contribuire alla costruzione di un rapporto più maturo e responsabile tra esseri umani e intelligenze artificiali linguistiche.

3. Come accedere a ChatGPT Versioni gratuite e a pagamento, differenze tra piani, interfacce disponibili.

Per accedere a ChatGPT, gli utenti hanno diverse opzioni a seconda delle versioni e dei piani offerti da OpenAI. La piattaforma è disponibile sia in modalità gratuita che a pagamento, e ogni piano offre caratteristiche e funzionalità differenti, pensate per soddisfare diverse esigenze, dai singoli utenti che cercano un'interazione informale con l'IA, alle aziende che necessitano di soluzioni avanzate e su misura. Ecco una panoramica dettagliata di come è possibile accedere a ChatGPT e delle differenze tra le varie modalità d'uso.

Versioni gratuite e a pagamento

1. Versione gratuita di ChatGPT

La versione gratuita di ChatGPT è una delle opzioni più popolari, consentendo agli utenti di interagire con il modello senza costi, ma con alcune limitazioni. In particolare, gli utenti gratuiti hanno accesso a ChatGPT basato su GPT-3.5, una versione precedentemente addestrata che offre comunque capacità linguistiche avanzate, ma con prestazioni inferiori rispetto alle versioni più moderne, come GPT-4. Tra i principali limiti, c'è la possibilità di avere tempi di risposta più lunghi durante le ore di alta richiesta, una finestra di contesto limitata e la disponibilità di una sola interazione alla volta.

In generale, gli utenti della versione gratuita possono utilizzare ChatGPT per conversazioni di base, domande e risposte, e alcune applicazioni creative, come la scrittura di testi, la generazione di idee e la risoluzione di problemi. Tuttavia, la versione gratuita non offre la possibilità di accedere ai modelli più avanzati, come GPT-4, che è riservato agli utenti con piani a pagamento.

2. Piani a pagamento: ChatGPT Plus e accesso a GPT-4
Per chi desidera un'esperienza più potente e senza limitazioni, esiste il piano **ChatGPT Plus**, che consente l'accesso a GPT-4 e offre vari vantaggi rispetto alla versione gratuita. Con un costo mensile di circa 20 dollari (al momento dell'ultimo aggiornamento), gli utenti possono godere di:

- **Accesso a GPT-4**: la versione più recente e avanzata del modello, che garantisce risposte più accurate, sofisticate e contestualmente pertinenti rispetto a GPT-3.5. GPT-4 è in grado di comprendere meglio contesti complessi, produrre testi più coerenti e affrontare compiti di maggiore difficoltà, come la scrittura creativa avanzata, la risoluzione di problemi scientifici complessi, e la gestione di conversazioni più lunghe e articolate.
- **Accesso prioritario**: gli utenti di ChatGPT Plus godono di accesso prioritario, soprattutto durante le ore di punta, quando la domanda è alta. Questo significa tempi di risposta più rapidi e maggiore disponibilità del sistema.
- **Maggiore capacità di utilizzo**: gli utenti a pagamento possono inviare più richieste giornaliere e usufruire di una finestra di contesto più ampia, che consente conversazioni più lunghe e complesse.

L'abbonamento a ChatGPT Plus rappresenta una soluzione ideale per chi utilizza il servizio in modo intensivo, per esempio per scopi professionali, didattici, o creativi, e desidera sfruttare appieno le capacità di GPT-4.

3. Opzioni Enterprise e API
Per le aziende o per gli sviluppatori, OpenAI offre anche **piani Enterprise** e l'accesso tramite **API**. Questi piani sono pensati per integrare ChatGPT in applicazioni aziendali o per l'automazione di processi tramite il linguaggio naturale. Gli utenti possono accedere a modelli avanzati come GPT-4 o GPT-3.5, a seconda del piano scelto, con tariffe personalizzabili in base all'uso, alla quantità di chiamate API e alle esigenze specifiche.

Le API di OpenAI consentono alle aziende di costruire soluzioni personalizzate basate sull'intelligenza artificiale, come chatbot, assistenti virtuali, e strumenti di analisi dei dati. Inoltre, le API offrono la possibilità di integrare il modello linguistico in altre piattaforme e applicazioni, come CRM, e-commerce e supporto clienti. Le tariffe per le API sono basate sul numero di token elaborati, ossia sull'ammontare di testo inviato e ricevuto dal modello.

Interfacce disponibili

1. Interfaccia Web (chat.openai.com)
La modalità più comune per interagire con ChatGPT è tramite la sua interfaccia web. Gli utenti possono accedere a ChatGPT visitando il sito ufficiale **chat.openai.com**. Per utilizzare il servizio, è necessaria una registrazione gratuita tramite l'email o tramite account Google. Una volta loggati, gli utenti possono iniziare a interagire con il modello direttamente nel browser, senza necessità di software aggiuntivi. L'interfaccia è user-friendly, con una finestra di chat che consente di scrivere messaggi e visualizzare le risposte del modello in tempo reale. Per gli utenti del piano Plus, l'interfaccia web si aggiorna automaticamente per includere l'accesso a GPT-4.

2. App mobile per iOS e Android
OpenAI ha anche lanciato applicazioni mobili per dispositivi iOS e Android. Le app offrono le stesse funzionalità dell'interfaccia web, ma con la comodità di poter utilizzare ChatGPT

direttamente dal proprio smartphone o tablet. Le app sono gratuite per gli utenti di base, con l'opzione di aggiornare a ChatGPT Plus direttamente dall'app. Questo rende l'uso di ChatGPT particolarmente pratico per risposte veloci e interazioni in movimento.

3. Plugin e integrazioni

Gli utenti più avanzati possono accedere a ChatGPT anche tramite **plugin** e **integrazioni** con altre piattaforme. OpenAI offre integrazioni con software di terze parti, come Microsoft Word ed Excel, tramite il **Copilot** di Microsoft, che porta l'intelligenza artificiale direttamente negli strumenti di produttività aziendale. Inoltre, OpenAI ha sviluppato plugin per altri ambienti di sviluppo software e per servizi di terze parti, offrendo un'ulteriore personalizzazione delle funzionalità. Gli sviluppatori possono anche creare i propri plugin per soddisfare esigenze specifiche e ampliarne l'utilizzo.

Differenze tra piani

In generale, la principale differenza tra i piani è legata all'accesso ai modelli più potenti (come GPT-4), alle capacità di elaborazione (finestra di contesto più grande e numero maggiore di richieste giornaliere), e al livello di supporto. La versione gratuita offre solo accesso a GPT-3.5, mentre il piano Plus fornisce l'accesso a GPT-4, con tutte le migliorie che questa versione comporta in termini di prestazioni e qualità della risposta.

Inoltre, gli utenti di ChatGPT Plus godono di un **supporto priorizzato** e di una maggiore **stabilità del servizio** durante le ore di alta richiesta, evitando i rallentamenti o i blocchi che possono verificarsi con la versione gratuita.

Conclusioni

Accedere a ChatGPT è semplice, ma la scelta tra i diversi piani dipende dalle necessità individuali o aziendali. Se si desidera un'esperienza fluida e l'accesso alle funzionalità più avanzate, l'abbonamento a ChatGPT Plus è la soluzione ideale, mentre gli utenti occasionali possono tranquillamente utilizzare la versione gratuita. L'interfaccia web e le app mobili permettono di utilizzare il servizio in modo semplice e diretto, e le opzioni di integrazione con altri strumenti professionali o API forniscono ulteriori opportunità per personalizzare l'esperienza in base alle proprie esigenze.

ChatGPT è accessibile attraverso una varietà di modalità che si sono evolute nel tempo per rispondere a un pubblico sempre più ampio, con esigenze diversificate che vanno dall'uso ricreativo alla produttività professionale. Il modo in cui una persona accede a ChatGPT può influenzare in maniera significativa la qualità e l'efficienza dell'interazione, motivo per cui è importante conoscere non solo le opzioni disponibili, ma anche le peculiarità tecniche e funzionali di ciascuna di esse.

La modalità più diretta e comune per iniziare a usare ChatGPT è tramite browser. Accedendo al sito ufficiale tramite dispositivi desktop o mobili, si viene indirizzati a una semplice interfaccia di login. Dopo la registrazione, che richiede soltanto un indirizzo email valido e un numero di telefono per la verifica iniziale, l'utente può iniziare immediatamente a conversare con il modello. Questa semplicità di accesso è stata una delle chiavi del successo del prodotto, in quanto non richiede competenze tecniche né installazione di software.

In parallelo, OpenAI ha lanciato un'applicazione mobile ufficiale, progettata per offrire le stesse capacità del sito web ma ottimizzate per dispositivi mobili. L'interfaccia mobile è molto intuitiva: è possibile scorrere rapidamente tra conversazioni salvate, iniziare nuove sessioni, regolare impostazioni del modello e persino attivare la modalità vocale su dispositivi compatibili. L'app sincronizza automaticamente i dati con la versione web, permettendo così una continuità d'uso tra dispositivi diversi.

Esistono inoltre differenze nell'esperienza utente a seconda del livello di abbonamento scelto. Mentre gli utenti della versione gratuita sono soggetti a limitazioni come la priorità bassa durante i periodi di traffico elevato e l'accesso a una sola variante del modello (GPT-3.5), gli utenti Plus beneficiano di prestazioni più fluide, una maggiore reattività e la possibilità di accedere a GPT-4, che è significativamente più performante sotto il profilo della coerenza narrativa, della capacità di sintesi e del ragionamento logico.

Oltre all'interfaccia principale, OpenAI ha sperimentato diverse modalità di estensione dell'accesso attraverso servizi terzi e integrazioni, come avviene nel caso di Microsoft, che ha integrato GPT nei propri software di produttività (Word, Excel, Outlook) sotto il nome di Microsoft Copilot. In questi ambienti, l'accesso al modello è spesso trasparente all'utente, che può attivare funzioni avanzate di scrittura, sintesi o analisi senza nemmeno sapere che dietro si trovi proprio ChatGPT.

Chi desidera un livello ancora maggiore di personalizzazione e automazione può invece ricorrere alle API di OpenAI, attraverso le quali è possibile incorporare la potenza del modello in siti web, applicazioni mobili, sistemi gestionali e piattaforme aziendali. Le API richiedono competenze di programmazione per l'integrazione, ma offrono un grado di libertà pressoché totale su come viene gestita la conversazione, quali limiti si vogliono applicare, e su quali dati si vuole lavorare.

Un'altra modalità interessante di accesso è rappresentata dalla **modalità con memoria attiva**, introdotta in alcune versioni di ChatGPT. In questa modalità, il sistema conserva informazioni a lungo termine su preferenze, stile comunicativo, o esigenze dell'utente, rendendo le interazioni future più personalizzate. Questa funzione è particolarmente utile per chi usa ChatGPT in modo continuativo, ad esempio per lo sviluppo di progetti complessi o l'assistenza in processi lavorativi ripetitivi. La memoria, tuttavia, è opzionale e può essere attivata o disattivata a discrezione dell'utente, con pieno controllo su ciò che viene conservato o dimenticato.

Nel tempo, OpenAI ha anche iniziato a sperimentare l'uso di **plugin interattivi** e **strumenti esterni** integrabili nella versione a pagamento, come browser web integrato, sistema di esecuzione di codice Python (per fare calcoli, grafici o analisi di dati), e capacità di lettura di documenti caricati. Queste funzionalità sono pensate per trasformare ChatGPT da semplice assistente linguistico a vero e proprio ambiente operativo, in grado di eseguire operazioni che vanno oltre la pura generazione di testo. Anche in questo caso, l'accesso è legato al piano di abbonamento, e viene progressivamente esteso agli utenti sulla base di aggiornamenti e rollout pianificati.

Dal punto di vista della privacy e sicurezza, ogni modalità di accesso è protetta da sistemi di autenticazione standard e l'interfaccia prevede meccanismi per cancellare le conversazioni, gestire le autorizzazioni dei plugin, e controllare il comportamento della memoria. La trasparenza sul trattamento dei dati è uno dei punti di forza della piattaforma, che offre documentazione chiara e strumenti per l'utente per gestire i propri dati in autonomia.

Il fatto che ChatGPT sia fruibile sia via browser che via app consente una continuità d'uso trasversale, dove un'idea pensata al volo durante un viaggio può essere poi rifinita al computer, o un testo iniziato a casa può essere rivisto al volo dallo smartphone in un momento di pausa. Questo lo rende particolarmente adatto alla vita moderna, dove il confine tra personale e professionale, tra mobile e desktop, è sempre più sfumato.

Oltre alle modalità di accesso standard e alle differenze tra i piani, è utile considerare anche come l'esperienza di utilizzo di ChatGPT si adatti a diversi tipi di utenti e scenari, contribuendo a renderlo uno strumento flessibile e trasversale in un'ampia gamma di contesti. Il modo in cui si accede a ChatGPT, infatti, può variare non solo per tecnologia ma anche per finalità d'uso, e questo influenza profondamente le aspettative dell'utente e l'efficacia dello strumento.

Molti studenti, ad esempio, utilizzano ChatGPT attraverso l'interfaccia web o l'app per ottenere spiegazioni su concetti scolastici, traduzioni, correzioni grammaticali o simulazioni di interrogazioni. In questo caso, l'accesso gratuito a GPT-3.5 può risultare sufficiente per attività di supporto allo studio quotidiano, anche se in presenza di domande particolarmente complesse o tecniche, l'accesso a GPT-4 tramite il piano Plus garantisce una comprensione più profonda e risposte più coerenti. Alcuni studenti avanzati, soprattutto universitari, hanno iniziato a integrare l'uso di ChatGPT con strumenti di calcolo, bibliografia automatizzata e persino generazione di codice, sfruttando l'API o i plugin disponibili nella versione più avanzata.

Per i professionisti, l'accesso cambia spesso forma: oltre all'uso classico via browser o app, si affacciano sempre più le soluzioni integrate. Un professionista del marketing, ad esempio, può interagire con ChatGPT attraverso l'integrazione diretta in piattaforme come Notion, Slack o persino strumenti di automazione come Zapier. L'utilizzo diventa così fluido e inserito nel flusso di lavoro quotidiano. In questi casi, la modalità di accesso non è semplicemente una questione di dove si clicca per aprire la chat, ma diventa parte del sistema operativo delle attività giornaliere.

Le piccole aziende, invece, possono decidere di integrare ChatGPT nei propri sistemi di assistenza clienti o nella gestione delle risorse interne. Un chatbot alimentato da ChatGPT può essere implementato sul sito aziendale tramite API, offrendo risposte in linguaggio naturale ai visitatori, supporto tecnico automatizzato o anche assistenza post-vendita. Questo tipo di accesso comporta una fase iniziale di configurazione tecnica, ma consente risultati altamente personalizzati. Il costo dipende dal volume di utilizzo, misurato in token, e quindi adattabile anche a budget contenuti.

In ambito creativo, l'accesso può assumere forme ancora più specifiche. Scrittori, sceneggiatori, game designer e artisti digitali usano ChatGPT non solo per la generazione di testo, ma anche come strumento di brainstorming, generazione di dialoghi, creazione di lore o strutture narrative. Alcuni lo fanno direttamente tramite l'interfaccia standard, altri si servono di plugin per strumenti come Scrivener, Obsidian, o piattaforme di scrittura collaborativa. In questi contesti, l'accesso a GPT-4 è quasi essenziale, poiché la maggiore coerenza narrativa e la comprensione del tono stilistico risultano decisive per la qualità del risultato.

Anche gli sviluppatori hanno modalità di accesso distinte: molti utilizzano l'API direttamente da ambienti come Postman, Visual Studio Code o tramite SDK in linguaggi come Python, JavaScript, Go o Ruby. L'interazione avviene quindi non più in una chat visiva ma attraverso comandi e risposte strutturate, utili per l'integrazione in app e servizi digitali. Questa modalità di accesso prevede una configurazione più tecnica ma offre pieno controllo su input, output, formato e logica. È anche possibile utilizzare strumenti di monitoraggio e log per osservare l'andamento delle richieste e regolare i costi.

È interessante notare come OpenAI abbia gradualmente esteso anche la possibilità di **utilizzo vocale** di ChatGPT. In alcune versioni mobili dell'app, è attivo un sistema di riconoscimento vocale che consente all'utente di porre domande o dialogare senza digitare. L'output può essere restituito in forma scritta o parlata, e questo apre le porte a scenari come l'assistenza in auto, la conversazione mentre si cammina o l'interazione in contesti di disabilità motoria o visiva. Anche l'accessibilità, quindi, passa attraverso diverse modalità di accesso.

In alcuni ambienti sperimentali, come i dispositivi intelligenti (smart glasses, smartwatch, assistenti domestici), si sta lavorando a versioni di ChatGPT integrate in hardware indossabile o ambientale. Queste modalità, ancora non pienamente disponibili al pubblico, indicano chiaramente la direzione in cui si sta evolvendo l'accessibilità: verso un'interazione pervasiva, continua, e contestualizzata. In questo futuro prossimo, l'accesso a ChatGPT potrebbe avvenire tramite gesti, comandi vocali, o persino lettura del contesto ambientale, andando ben oltre il paradigma classico della "chat".

Inoltre, è importante tenere conto dell'aspetto geografico e linguistico nell'accesso a ChatGPT. OpenAI ha progressivamente migliorato il supporto a molte lingue oltre l'inglese, rendendo il servizio accessibile a utenti italiani, francesi, tedeschi, giapponesi e altri. Tuttavia, la qualità della risposta può variare a seconda della lingua e del tipo di contenuto. In generale, le versioni più avanzate del modello (come GPT-4) offrono una maggiore padronanza anche delle lingue meno parlate, rendendo il piano Plus particolarmente interessante per utenti internazionali o multilingue. In certi Paesi, inoltre, potrebbero esistere restrizioni di accesso o normative specifiche che condizionano l'uso della piattaforma, rendendo necessarie VPN o soluzioni alternative.

Anche l'età e il livello di alfabetizzazione digitale influenzano il modo in cui si accede a ChatGPT. Adolescenti e giovani adulti, abituati all'uso di tecnologie digitali, tendono a interagire in maniera fluida e creativa con l'interfaccia, spesso esplorandone i limiti o combinandola con altri strumenti. Al contrario, utenti meno esperti potrebbero aver bisogno di guide introduttive, tutorial video, o interfacce semplificate. Per questo motivo, alcuni enti educativi e organizzazioni stanno sviluppando versioni "semplificate" dell'interfaccia di ChatGPT o guide passo-passo per aiutare nuovi utenti a familiarizzare con lo strumento.

Infine, vale la pena sottolineare che l'accesso a ChatGPT non è solo tecnico, ma anche psicologico e culturale. Alcune persone si sentono subito a proprio agio a conversare con un'intelligenza artificiale, mentre altre mostrano inizialmente diffidenza, timore o perplessità. L'interfaccia, le modalità di accesso e l'immediatezza delle risposte giocano un ruolo fondamentale nel ridurre questa distanza percettiva, rendendo l'esperienza non solo utile ma anche confortevole e umanizzata.

L'accesso a ChatGPT può anche essere inteso come un percorso graduale di familiarizzazione con lo strumento, dove l'interfaccia tecnica è solo il primo passo verso un uso pienamente consapevole e strategico. Molti utenti iniziano utilizzandolo per curiosità, magari ponendo domande banali o sperimentando risposte ironiche o divertenti, e solo col tempo scoprono le reali potenzialità dello strumento. Questo tipo di "accesso esperienziale" è importante tanto quanto quello tecnico, perché segna la transizione dall'uso casuale all'impiego strutturato.

Un altro aspetto interessante è rappresentato dai diversi contesti istituzionali e organizzativi in cui ChatGPT può essere reso disponibile attraverso accessi controllati. Alcune università, ad esempio, stanno cominciando a offrire l'accesso a GPT-4 agli studenti tramite portali dedicati o licenze campus, con l'obiettivo di fornire uno strumento formativo di supporto alla scrittura, alla ricerca o all'apprendimento linguistico. In questi ambienti, il modello non viene più percepito come "una chat su un sito" ma come un'infrastruttura intelligente di supporto all'educazione, accessibile da sistemi centralizzati con credenziali istituzionali. Allo stesso modo, alcune aziende forniscono accesso interno a ChatGPT tramite dashboard aziendali, workspace riservati o app aziendali personalizzate, in cui le richieste e le risposte vengono tracciate, organizzate per progetto, o integrate con altre fonti dati interne.

Sempre in ambito lavorativo, va segnalata la crescente tendenza a fornire accesso a ChatGPT non più come strumento individuale, ma come componente di sistemi collaborativi. Esistono già soluzioni che permettono a team interi di condividere conversazioni, salvare prompt comuni, commentare le risposte generate dal modello o addirittura costruire "chatbot su misura" allenati su documenti o materiali aziendali specifici. L'accesso, in questo caso, avviene su più livelli: uno di interazione diretta (il singolo utente che scrive al modello), e uno di coordinamento (il gruppo che gestisce e utilizza in modo condiviso le capacità dell'IA).

Una particolare modalità di accesso riguarda poi gli **assistenti personalizzati**, un'innovazione recente nella piattaforma ChatGPT. Questi "GPTs personalizzati" possono essere creati dagli utenti stessi attraverso un'interfaccia guidata che non richiede programmazione. È sufficiente specificare alcune istruzioni iniziali, indicare lo stile di risposta desiderato, fornire eventuali documenti di riferimento, e l'utente può avere il proprio assistente virtuale "addestrato" su misura. L'accesso a questi assistenti è possibile solo tramite il piano a pagamento, ma sta rapidamente diventando una delle modalità preferite da chi desidera avere risposte coerenti con un contesto specifico, come l'insegnamento, il coaching, la consulenza tecnica, o l'assistenza legale. Inoltre, questi GPT personalizzati possono essere condivisi con altri utenti attraverso link, permettendo la creazione di interi ecosistemi di intelligenze specializzate.

Per i creatori di contenuti, l'accesso si declina in ulteriori forme: ad esempio, è possibile utilizzare estensioni del browser che permettono di inviare selezioni di testo a ChatGPT per analisi o riformulazioni al volo, oppure integrare ChatGPT in flussi di lavoro video tramite software come Descript o Runway. In questi contesti, l'IA non è più un semplice strumento "da interrogare", ma un componente invisibile ma pervasivo dell'intero processo creativo. Alcuni plugin per Chrome e Firefox permettono di integrare ChatGPT direttamente nella pagina del motore di ricerca o nei social media, offrendo spiegazioni, riepiloghi o generazioni di commenti contestuali, riducendo la frizione tra contenuto e strumento.

Esistono anche soluzioni ibride per accedere a ChatGPT in ambienti offline o parzialmente connessi, attraverso versioni containerizzate del modello o strumenti come l'Embedded GPT. Sebbene questi non offrano la potenza e l'aggiornamento costante della versione online ufficiale, rappresentano una soluzione valida per contesti con connessioni limitate, normative severe in materia di privacy, o requisiti di isolamento dei dati (come accade in ambito militare, sanitario, o industriale).

La disponibilità dell'accesso è infine legata anche a criteri di sostenibilità economica e accessibilità sociale. OpenAI ha adottato un modello freemium, nel quale l'accesso gratuito a GPT-3.5 permette a chiunque di utilizzare la tecnologia di base, mentre le funzionalità avanzate sono disponibili a fronte di un abbonamento mensile relativamente contenuto. Questo modello mira a bilanciare la democratizzazione dell'IA con la sostenibilità economica dello sviluppo continuo del sistema. Tuttavia, in molte parti del mondo, anche un costo di pochi euro al mese rappresenta un ostacolo, motivo per cui stanno nascendo iniziative parallele per offrire accesso gratuito in ambito scolastico, comunitario o umanitario, spesso in collaborazione con enti locali o ONG.

Da non trascurare è infine la relazione tra modalità di accesso e trasparenza: OpenAI ha introdotto strumenti sempre più dettagliati per spiegare agli utenti come vengono utilizzati i loro dati, quali conversazioni vengono salvate, come funziona la memoria e quali opzioni si hanno per gestirla. Questo aspetto è centrale per garantire fiducia e consapevolezza, soprattutto quando l'accesso non avviene in forma occasionale, ma diventa parte della quotidianità personale o lavorativa dell'utente.

Concludendo questo punto, possiamo affermare che l'accesso a ChatGPT non è una semplice questione tecnica o logistica, ma un processo articolato e multiforme, che riflette una profonda trasformazione nei rapporti tra esseri umani e intelligenza artificiale. Le modalità di accesso si moltiplicano e si diversificano in funzione delle esigenze dell'utente, del contesto in cui avviene l'interazione, del livello di competenza digitale, del tipo di dispositivo utilizzato e persino della cultura organizzativa o educativa in cui si inserisce l'uso dello strumento. In questo senso, ChatGPT non è solo un servizio accessibile via browser o app: è una piattaforma intelligente che si adatta, si personalizza, si integra e si estende, permettendo un'accessibilità sia individuale che collettiva, sia spontanea che strutturata.

Le versioni gratuite (come GPT-3.5) offrono un punto di ingresso potente e immediato a chi desidera esplorare l'intelligenza artificiale in forma semplice e senza costi, pur con alcune limitazioni in termini di accuratezza, profondità delle risposte e accesso a funzionalità avanzate. Al contrario, le versioni a pagamento (in particolare GPT-4) non solo garantiscono prestazioni superiori ma aprono la strada a un utilizzo professionale, creativo, educativo e industriale, offrendo opzioni avanzate come i plugin, la creazione di GPT personalizzati, la memoria, il browsing, l'analisi di documenti e immagini, e l'interazione vocale. Queste funzioni non rappresentano semplici "extra", ma strumenti fondamentali per rendere l'interazione più profonda, contestuale e realmente utile nei flussi di lavoro o nei processi cognitivi complessi.

Inoltre, il modo in cui ChatGPT viene reso accessibile varia sempre più in funzione dell'infrastruttura in cui è inserito: si va dal classico uso tramite chat nella piattaforma ufficiale, fino a integrazioni API, app di terze parti, estensioni del browser, strumenti didattici, ambienti di programmazione, interfacce vocali, e persino soluzioni indossabili. Ogni modalità di accesso apre possibilità nuove, ma comporta anche sfide specifiche legate alla privacy, alla sicurezza dei dati, alla trasparenza e all'usabilità. Per questo motivo, OpenAI ha affiancato alla crescita tecnica dello strumento anche una crescente attenzione alla regolamentazione delle modalità di accesso: opzioni per disattivare la memoria, consultazione della cronologia, gestione dei dati conservati, opzioni di esportazione delle conversazioni, e informazioni trasparenti su come vengono utilizzati i dati per l'addestramento.

Un ultimo aspetto cruciale riguarda l'educazione all'accesso: la diffusione di guide, video tutorial, percorsi formativi e strumenti di onboarding semplificati consente a un numero sempre maggiore di persone di superare le barriere iniziali legate alla paura o alla diffidenza verso l'IA. L'accesso, dunque, non è solo la possibilità materiale di "usare" ChatGPT, ma è anche l'acquisizione della consapevolezza necessaria per farlo in modo critico, responsabile e produttivo. In definitiva, accedere a ChatGPT oggi significa entrare in relazione con uno strumento dinamico, adattabile e in continua evoluzione, capace non solo di rispondere, ma anche di trasformare il modo in cui pensiamo, impariamo, lavoriamo e ci esprimiamo.

4. Interfaccia e comandi principali Come si scrive un prompt, comandi base, esempi di input ed output

L'interfaccia di ChatGPT è progettata per essere estremamente intuitiva, ma dietro la sua apparente semplicità si cela una struttura potente che permette interazioni complesse, sofisticate e versatili. Accedere all'interfaccia significa trovarsi di fronte a un campo di testo – spesso accompagnato da una cronologia di conversazioni a sinistra e da una zona centrale dove avviene lo scambio comunicativo. Non è un'area sterile: al contrario, è il luogo in cui l'utente può sperimentare, interrogare, generare idee, formulare richieste articolate e ricevere risposte strutturate in tempo reale.

Il cuore dell'interazione con ChatGPT si basa sul **prompt**, ovvero l'input fornito dall'utente. Questo può essere una semplice domanda, come "Chi ha scritto *Il Piccolo Principe*?", oppure una richiesta complessa, come "Scrivimi un saggio argomentativo di 600 parole sul cambiamento climatico, con una struttura in tre parti e toni formali". Il prompt è quindi molto più che un comando: è un'istruzione in linguaggio naturale, capace di attivare il modello in una direzione precisa, proprio come una leva che orienta una macchina verso uno scopo.

I **comandi base** non esistono in senso tecnico come in una riga di comando informatica, ma esistono convenzioni, suggerimenti di formulazione e strutture linguistiche che aumentano significativamente l'efficacia del prompt. Frasi come "Spiega come se avessi 10 anni", "Rispondi in modo schematico", "Usa un tono ironico", "Genera un elenco puntato", "Riassumi in 5 righe" sono esempi di meta-istruzioni, cioè indicazioni che non riguardano il contenuto ma il **modo in cui il contenuto deve essere espresso**. ChatGPT interpreta queste istruzioni con una sorprendente flessibilità, adattando stile, tono, forma e persino livello di approfondimento.

L'interfaccia offre anche funzioni ausiliarie per migliorare la navigazione e l'efficienza. Ad esempio, si possono rinominare le conversazioni per ritrovarle facilmente, ancorare risposte particolarmente importanti o salvare prompt ricorrenti per riutilizzarli in altre sessioni. Alcune versioni permettono di esplorare i prompt utilizzati nei "GPTs personalizzati", ovvero istanze specializzate del modello create dagli utenti, dove le istruzioni iniziali definiscono il comportamento dell'assistente. In questi casi, ogni input dell'utente viene "letto" alla luce del contesto fornito all'avvio, arricchendo la conversazione di coerenza e coesione.

Gli **esempi di input ed output** possono variare enormemente in base allo scopo. Se l'utente scrive:
Input: "Scrivimi una poesia sul mare in stile haiku",
Output:
Vento tra le onde
la luna danza sul blu
silenzi profondi

Ma se lo stesso utente scrive:
Input: "Scrivimi una poesia sul mare in endecasillabi nello stile di Leopardi",
Output:
Sussurra il mar tra scogli di granito,
con voce antica e stanca d'eternità,
e il ciel si specchia in quell'abisso ardito,
che mai riposa e sempre tornerà.

Questa differenza mostra come ChatGPT non solo risponda, ma **interpreti**, adattandosi alle richieste specifiche e stilistiche del prompt. Il modello riconosce pattern linguistici, riferimenti culturali, registri formali e informali, e può passare con agilità da un tono colloquiale a uno accademico, da una spiegazione semplice a un'esposizione tecnica dettagliata.

Inoltre, l'interfaccia consente di **modificare, rigenerare o espandere** le risposte. Una volta ricevuto un output, l'utente può cliccare su "Rigenera risposta" per ottenere una variante, oppure digitare input come "Riscrivilo in tono più diretto", "Aggiungi esempi concreti", "Approfondisci il secondo paragrafo" o "Traduci tutto in francese". In questo modo, la conversazione non è lineare ma dinamica, come una tessitura in cui ogni intervento può ristrutturare il disegno complessivo.

C'è anche la possibilità di **inviare allegati** nelle versioni avanzate: documenti PDF, immagini, fogli Excel e altro ancora. L'interfaccia si trasforma in un hub multimodale, dove l'utente può scrivere: "Riassumi questo PDF", oppure "Analizza questa tabella Excel e trova le anomalie nei dati", oppure ancora "Descrivi cosa rappresenta questa immagine". Anche in questi casi il prompt guida il comportamento del modello, mentre l'interfaccia facilita l'interazione offrendo anteprime e risposte interattive.

Oltre alla versione classica via browser, esistono **interfacce mobili**, che presentano una struttura molto simile ma ottimizzata per l'uso da smartphone o tablet. Le app ufficiali di ChatGPT includono funzionalità vocali, riconoscimento audio, modalità scura, scorciatoie rapide e notifiche. In particolare, la funzione di input vocale – basata su Whisper, il modello di riconoscimento vocale di OpenAI – consente di porre domande parlando direttamente, trasformando ChatGPT in un assistente conversazionale fluido e naturale.

Alcuni comandi "non scritti" diventano consuetudine tra utenti esperti, che imparano a costruire prompt articolati con strutture ripetitive, come template da adattare. Un esempio può essere: **"Agisci come [ruolo], analizza [tema], rispondi in [stile], dividi il testo in [sezioni], concludi con [azione]".**
Un prompt come questo:
"Agisci come esperto di comunicazione, analizza il discorso di Zelensky all'ONU, rispondi in stile giornalistico, dividi il testo in introduzione, analisi retorica e impatto mediatico, concludi con una valutazione critica."
può generare un testo perfettamente strutturato, come se fosse stato redatto da un analista professionista.

L'abilità di scrivere prompt efficaci diventa dunque una **nuova forma di alfabetizzazione digitale**, che molti iniziano a chiamare "prompt literacy" o "prompt engineering" nei contesti professionali. Non si tratta solo di conoscere ChatGPT, ma di **saperlo interrogare** nel modo giusto per ottenere esattamente ciò che si cerca. È una competenza trasversale, che coinvolge linguaggio, sintesi, pensiero strategico e conoscenza dei contesti. E proprio come imparare a scrivere email efficaci o utilizzare correttamente un motore di ricerca, anche scrivere prompt è un'abilità che si affina con l'esperienza, l'osservazione e la sperimentazione continua.

L'interfaccia di ChatGPT non si limita a un semplice campo di testo: è un ambiente reattivo che evolve in base al comportamento dell'utente e all'interazione con il modello, assumendo caratteristiche sempre più fluide e adattive. Ogni componente visiva e funzionale, dalla visualizzazione cronologica dei messaggi alla possibilità di personalizzare il tema visivo (chiaro o scuro), è progettata per favorire l'immersione in una conversazione che, pur essendo con una macchina, assume connotazioni fortemente umane. Il modo in cui si struttura la finestra della chat – con le risposte disposte una sotto l'altra, i comandi rapidi per rigenerare o copiare testi, e le opzioni contestuali che compaiono al passaggio del cursore – contribuisce a creare un'esperienza che stimola l'utente a sperimentare, riflettere e iterare continuamente.

Scrivere un prompt non è un'operazione univoca: si può iniziare con una domanda diretta, come "Come funziona il sistema immunitario?", oppure si può usare un tono conversazionale, del tipo "Ciao, potresti spiegarmi in modo semplice come funziona il sistema immunitario? Immagina di parlare a un ragazzo di 12 anni." Questa seconda forma, apparentemente più lunga, può generare risposte più centrate rispetto all'obiettivo, perché fornisce al modello più contesto sul tono, la complessità desiderata e il pubblico di destinazione. Il prompt diventa così un atto intenzionale di progettazione comunicativa, dove ogni parola aggiuntiva può orientare meglio l'output risultante.

L'interfaccia supporta anche l'uso di **prompt sequenziali**, dove l'utente può costruire una serie di richieste che si concatenano. Dopo una prima risposta, è possibile dire "Ora, riscrivilo in tono ironico", "Aggiungi un paragrafo sul contesto storico" o "Fornisci anche esempi tratti dalla letteratura". Queste richieste non sono isolate: il modello tiene conto della memoria contestuale (se attiva), del thread conversazionale e degli elementi precedenti. In ambienti con memoria attiva, può anche ricordare il nome dell'utente, il suo stile preferito, il tipo di contenuti richiesti in passato o le istruzioni specifiche inserite in GPT personalizzati. In queste modalità, anche l'interfaccia stessa si adatta e può presentare suggerimenti o completamenti automatici in tempo reale.

Il prompt può includere **strutture di controllo** esplicite, come la richiesta di generare tabelle, schemi, liste puntate, diagrammi testuali o perfino codice eseguibile in diversi linguaggi di programmazione. Ad esempio, una richiesta come "Crea una tabella con i pro e contro dell'energia nucleare, affiancando colonne per vantaggi, svantaggi e implicazioni ambientali" può generare un output perfettamente organizzato, con righe tematiche chiare e comprensibili. Questa capacità è particolarmente utile in ambiti educativi, nella progettazione di contenuti, nella pianificazione strategica o nell'analisi comparativa di scenari.

Un aspetto interessante è che l'interfaccia riconosce formati differenti nel prompt: testo normale, codice, comandi Markdown, elenchi, frasi con emoji, link, hashtag, e può interpretarli secondo la struttura contestuale. Se l'utente scrive:

nginx

CopiaModifica

Scrivi un breve post LinkedIn che parli dei benefici dell'IA generativa in 3 punti, con un tono motivazionale e includendo hashtag rilevanti.

ChatGPT restituirà un testo con struttura da social media, comprensibile, sintetico, orientato al pubblico specifico, e spesso includerà #AI #innovazione #trasformazioneDigitale senza che l'utente debba specificarlo ulteriormente. L'interfaccia, in questo senso, non "mostra" solo il testo risultante, ma funge da ponte tra input strutturati e output intelligenti, senza alcuna barriera tecnica apparente.

Nella modalità **mobile**, l'esperienza cambia leggermente. Il prompt può essere dettato a voce grazie all'integrazione con Whisper, e i risultati vengono mostrati con layout adattivo, ideale per lettura rapida su schermi piccoli. La possibilità di dettare, interrompere, correggere e continuare una conversazione vocale rende l'interfaccia particolarmente adatta per attività multitasking, brainstorming in movimento o accesso inclusivo a chi preferisce comunicare oralmente. Il pulsante del microfono diventa così un'estensione dell'intenzione dell'utente, e il flusso tra voce, testo e risposta avviene in pochi secondi, senza alcuna interruzione visibile.

Alcuni utenti avanzati creano veri e propri "template di prompt" da riutilizzare. Per esempio:

Prompt template per brainstorming creativo:
"Agisci come un consulente creativo. Voglio generare idee per [tema]. Suggerisci 10 opzioni originali, per ciascuna indica titolo, descrizione e possibile applicazione. Usa uno stile vivace e creativo."

Prompt template per analisi dati:
"Analizza questo set di dati [incolla dati]. Identifica pattern, anomalie e possibili correlazioni. Fornisci un'interpretazione statistica e visuale (se possibile). Concludi con raccomandazioni operative."

Questi prompt possono essere salvati, adattati e condivisi, e l'interfaccia diventa il contenitore flessibile di strategie complesse, con una logica sempre più simile alla programmazione funzionale, ma resa accessibile in linguaggio naturale.

Un altro elemento distintivo dell'interfaccia di ChatGPT, soprattutto nelle versioni più evolute, è la **progressiva integrazione con strumenti esterni** e la possibilità di estendere le capacità base del modello attraverso plugin, estensioni e API. Questi elementi, pur essendo spesso invisibili nell'interfaccia tradizionale per l'utente base, modificano profondamente il modo in cui viene scritto un prompt e come viene ricevuto un output. Ad esempio, quando si utilizzano strumenti come il **browser integrato**, è possibile chiedere direttamente a ChatGPT: "Cerca le ultime notizie su Marte da fonti affidabili e riassumile in 5 righe". In questo caso, l'interfaccia comunica in tempo reale con il web, legge siti, sintetizza, e restituisce una risposta aggiornata. L'utente percepisce tutto questo come una singola azione, ma dietro quel campo di testo si attiva una serie di microprocessi distribuiti che coinvolgono la rete, i server OpenAI e le risposte di fonti online.

La scrittura del prompt, in questi casi, può includere istruzioni come "usando il browser", "consultando dati aggiornati", "interroga fonti scientifiche", che fanno leva sulla consapevolezza dell'utente riguardo le capacità estese del sistema. E così, l'interfaccia si trasforma sempre più in un **ambiente modulare**, capace di espandersi dinamicamente in funzione del contenuto, della richiesta e degli strumenti disponibili. In questo senso, non si parla più soltanto di prompt, ma di **interazione orchestrata**, dove la scrittura diventa una regia e la piattaforma un interprete adattivo.

È importante anche notare come l'interfaccia aiuti l'utente a **visualizzare la coerenza contestuale**, evidenziando la conversazione precedente, permettendo di risalire alle richieste fatte prima, e quindi mantenere un flusso logico anche a distanza di diverse interazioni. Questo è fondamentale per lavorare su contenuti complessi: se, ad esempio, un utente chiede "Riscrivi l'introduzione del paragrafo precedente in tono più accademico", ChatGPT sarà in grado di farlo perché l'interfaccia conserva tutta la traccia della conversazione e il modello ne mantiene il contesto.

Un altro utilizzo efficace dei prompt è l'**interazione multi-turno guidata**, che si realizza quando l'utente imposta una sequenza di domande da sviluppare progressivamente. Ad esempio, un prompt iniziale può essere: "Voglio creare un corso su come usare ChatGPT per studenti universitari. Iniziamo dalla struttura del corso: proponi i moduli principali". Una volta ricevuta la risposta, l'utente può dire: "Ora sviluppa il modulo 1 in dettaglio", poi "Scrivi gli obiettivi formativi", poi "Crea un quiz di verifica". L'interfaccia mantiene il filo logico e guida il modello in un processo creativo lungo e articolato, trasformando il prompt in una sorta di **dialogo progettuale**.

Anche il tono dell'input gioca un ruolo significativo nella qualità dell'output. Scrivere "Spiega come se fossi un professore universitario" oppure "Fingiti un attore teatrale e raccontami cosa fa un data analyst" determina cambiamenti profondi nello stile, nel ritmo, nella densità lessicale e perfino nella costruzione sintattica della risposta. L'interfaccia, in questo, è del tutto neutrale, ma il modello riconosce e interpreta i segnali linguistici e le metafore, adattando il contenuto alle attese implicite del tono richiesto. Questo rende l'esperienza simile a un **gioco di ruoli linguistico**, in cui ogni prompt non solo trasmette un contenuto, ma incarna un personaggio, una funzione, un'intenzione.

Nelle versioni con memoria attiva, l'interfaccia inizia anche a suggerire prompt automaticamente, ricordando le abitudini dell'utente. Ad esempio, un utente che lavora spesso con riassunti di articoli potrebbe ricevere suggerimenti come: "Vuoi che oggi riassuma i PDF che mi hai caricato ieri?" oppure "Hai nuovi documenti da analizzare questa settimana?" Questi suggerimenti emergono in forma di prompt dinamici o come frasi precompilate, simili alle risposte predittive dei motori di ricerca, ma molto più contestuali e personali. In questi casi, il prompt scritto dall'utente non è più l'unico input: l'interfaccia diventa **proattiva**, capace di proporre scorciatoie, interpretazioni e continuità.

Un altro aspetto che merita attenzione è la **gestione di prompt multilivello**, in cui l'utente inserisce più richieste all'interno dello stesso input. Per esempio: "Scrivi un'introduzione per un saggio sul Rinascimento italiano, poi crea un elenco con 5 pittori rappresentativi, e infine genera 3 domande per stimolare una discussione di gruppo". Questo tipo di prompt, benché complesso, è ben interpretato dal modello, purché le richieste siano presentate in maniera ordinata e chiara, anche solo separandole con punti elenco o andando a capo. L'interfaccia mostra poi l'output in segmenti ordinati, facilitando la leggibilità e la navigazione. È anche possibile richiedere l'output in formato Markdown, HTML o codice puro, e l'interfaccia si adatta per permettere il copia/incolla o l'anteprima corretta.

L'efficacia di un prompt è quindi legata non solo alla chiarezza linguistica, ma anche alla **padronanza dell'interfaccia**, alla capacità dell'utente di "parlare il linguaggio della macchina" senza rinunciare all'espressività umana. In questo senso, ogni interazione con ChatGPT non è solo una richiesta, ma un atto di mediazione tra due mondi: quello del pensiero umano e quello della computazione statistica, con l'interfaccia come spazio comune dove questi mondi si incontrano, si osservano e si modificano a vicenda.

Oltre all'aspetto tecnico e funzionale, l'interfaccia di ChatGPT si distingue per il suo **ruolo psicologico e comportamentale**: essa non è solo uno strumento passivo di input/output, ma modella anche il modo in cui le persone si esprimono, pensano e risolvono problemi. Il semplice fatto di digitare una domanda in un campo testuale a volte induce l'utente a riformulare il proprio pensiero in maniera più chiara e strutturata. Questo è un effetto già noto in psicologia cognitiva: la verbalizzazione dei problemi spesso aiuta a comprenderli meglio. Scrivere un prompt efficace implica quindi anche un **esercizio metacognitivo**, dove l'utente riflette su ciò che vuole ottenere, come vuole ottenerlo, e su come il sistema interpreterà ciò che scrive.

Uno dei punti di forza dell'interfaccia è la sua **tolleranza alla variabilità linguistica**. Non esiste un solo modo "corretto" di scrivere un prompt: si può usare un tono formale, informale, tecnico, narrativo, e ChatGPT sarà comunque in grado di interpretare la richiesta. Questo abbassa la soglia d'accesso anche per chi non ha dimestichezza con la terminologia tecnica. Si possono usare domande incomplete, comandi diretti ("scrivi una lettera di reclamo"), interiezioni, persino emoji o frasi spezzate, e il sistema ricostruirà l'intenzione comunicativa con notevole efficacia. Questo è reso possibile non tanto dall'interfaccia in sé, ma dal modello linguistico che la sostiene; tuttavia, l'interfaccia funziona come **filtro e facilitatrice**, offrendo un ambiente in cui ogni tipo di input viene legittimato.

Esiste inoltre una dimensione **collaborativa** dell'interfaccia, soprattutto quando si utilizza ChatGPT in gruppo, in ambito educativo o professionale. Ad esempio, durante una sessione di brainstorming collettivo, più persone possono contribuire con prompt consecutivi, e ChatGPT manterrà una certa coerenza contestuale anche se i toni, i registri e le richieste variano. In ambienti integrati come Notion AI, Slack, oppure nelle versioni con plugin come Canva o Code Interpreter, l'interfaccia è parte di un ecosistema di strumenti che lavorano in sinergia. Il prompt non è più solo un messaggio testuale, ma un **evento comunicativo complesso**, inserito in un flusso di lavoro dove l'output viene immediatamente trasformato, salvato, esportato o integrato.

Le interfacce vocali, poi, stanno ampliando ulteriormente il concetto stesso di prompt. Parlare a ChatGPT, come avviene nell'app mobile con input vocale o tramite dispositivi integrati come smart speaker e assistenti vocali, apre a una **dimensione più naturale dell'interazione**. La voce introduce sfumature di tono, esitazioni, enfasi, che vengono interpretate anche in assenza di un linguaggio formale. Si può dire: "Ehi, fammi un favore, puoi trovare un modo simpatico di dire che oggi sono stanco morto ma devo lavorare lo stesso?", e l'interfaccia traduce questa richiesta in un'interazione ricca e coerente. Il prompt parlato, rispetto a quello scritto, ha una maggiore immediatezza e fluidità, ma comporta anche una minore possibilità di revisione prima dell'invio. Per questo, molte interfacce vocali offrono una trascrizione in tempo reale, permettendo all'utente di correggere o confermare prima della generazione della risposta.

Non si può trascurare nemmeno il ruolo della **componente visiva** dell'interfaccia. L'organizzazione degli elementi, la tipografia, i colori, i pulsanti, e la disposizione degli spazi concorrono a guidare l'utente nell'uso del sistema. Un'interfaccia caotica o troppo tecnica potrebbe scoraggiare l'interazione, mentre quella di ChatGPT, volutamente semplice e pulita, trasmette un senso di apertura e accoglienza. Anche il layout dinamico dei messaggi, con la possibilità di espandere o contrarre le risposte lunghe, rigenerare specifici passaggi, o segnalare errori, aumenta la sensazione di **controllo e dialogo**. L'interfaccia non è rigida, ma evolve con l'utente, offrendo scorciatoie o strumenti extra in base al tipo di interazione.

Un ulteriore aspetto interessante è la crescente diffusione di **prompt ingegnerizzati**, che sfruttano l'interfaccia come una **console interattiva**. In questi casi, il prompt viene trattato quasi come un linguaggio di programmazione naturale, dove ogni comando, variabile, condizione e formato viene scelto con cura per ottenere un risultato preciso. Alcuni esempi includono:

- Prompt condizionali: “Se il testo è troppo lungo, riassumilo in 300 parole; altrimenti, mantienilo intatto e suggerisci una versione alternativa più creativa.”
- Prompt a vincolo formale: “Scrivi un paragrafo di 6 frasi, in cui ogni frase inizia con una lettera progressiva dell’alfabeto.”
- Prompt logici: “Analizza questa frase e dimmi se contiene una fallacia logica. In caso positivo, spiega quale e perché.”

Questi prompt sofisticati richiedono un’interfaccia reattiva, che mostri gli output in modo leggibile, ordinato, e possibilmente commentato. In futuro, è probabile che le interfacce includano una sezione laterale o un “prompt debugger”, dove sarà possibile vedere come il modello ha interpretato il prompt, quali regole ha seguito e quali scorciatoie ha usato.

L’interfaccia di ChatGPT è anche un **ambiente di apprendimento implicito**. Ogni volta che un utente scrive un prompt e ne osserva la risposta, impara qualcosa non solo sull’argomento trattato, ma anche su come interagire meglio con l’IA. Questo apprendimento progressivo, tacito e guidato dall’esperienza, porta molti utenti a sviluppare una propria “grammatica dei prompt”, fatta di formule, espressioni, scorciatoie linguistiche e strategie personali. Alcuni cominciano ad annotarsi i prompt più efficaci, altri li trasformano in macro da riutilizzare, e altri ancora li condividono pubblicamente come risorse educative. In tutto questo, l’interfaccia diventa **strumento e complice**, una lavagna sempre attiva dove provare, sbagliare, correggere, riuscire.

Per concludere in modo dettagliato il punto sull’interfaccia e sui comandi principali di ChatGPT, è essenziale riconoscere come l’interfaccia non sia soltanto un contenitore neutro di conversazione, ma un **elemento attivo** e strutturante nell’esperienza di utilizzo. L’efficacia dell’interazione uomo–

intelligenza artificiale dipende infatti dalla qualità dell'ambiente visivo, dalla chiarezza nella scrittura del prompt e dalla **reciprocità dinamica** tra input e output.

Un **buon prompt** non è necessariamente lungo o complesso, ma è *intenzionale*, ovvero trasmette un obiettivo chiaro al modello. Questo implica, da parte dell'utente, la capacità di anticipare come l'IA possa interpretare il linguaggio naturale, tenendo conto delle sue caratteristiche: l'assenza di conoscenza cosciente, l'assenza di emozioni reali, e l'analisi statistica basata su enormi corpora testuali. Per esempio, scrivere: *"Scrivi un testo motivazionale per studenti che affrontano un esame difficile, usando un tono incoraggiante ma realistico"* è più produttivo di un generico *"Scrivi qualcosa di motivante"*, perché trasmette contesto, pubblico, tono e intento.

D'altro canto, **l'interfaccia** si evolve per accompagnare questi prompt con strumenti utili come la rigenerazione di risposte, la possibilità di copiare codice con un clic, l'integrazione con immagini e documenti, l'uso di comandi vocali, l'inserimento di prompt multipli in una stessa sessione, e una visualizzazione ordinata e interattiva del testo generato. Inoltre, nella versione con plugin o strumenti Pro, è possibile estendere i comandi con richieste più sofisticate, come: *"Genera un grafico a barre con questi dati"*, oppure *"Analizza questo file PDF ed estrai i punti chiave"*, segno che la logica del prompt si fonde sempre di più con la **logica dell'azione**.

Una funzionalità potente è anche la **modalità con memoria attiva**, in cui l'interfaccia consente di personalizzare l'IA affinché tenga conto di preferenze, stili, obiettivi a lungo termine. Questo modifica radicalmente il tipo di comandi scritti: l'utente non deve più ripetere le stesse istruzioni (come "scrivi in modo formale" o "preferisco risposte brevi"), perché il sistema impara da sé a riconoscere lo stile abituale dell'interlocutore. In pratica, il prompt diventa progressivamente più efficiente, anche con meno parole, proprio perché l'interfaccia si fa **intelligente, contestuale, adattiva**.

La **capacità di navigare tra conversazioni passate**, di clonare chat, di etichettare progetti, e di recuperare vecchie sessioni, trasforma ChatGPT in un **ambiente di lavoro e studio persistente**, non più effimero come un semplice chatbot. Qui, il prompt assume anche un valore documentale, storico, progettuale: ogni interazione può diventare base per un progetto futuro, una ricerca, una lezione, un contenuto pubblicabile. L'interfaccia rende tutto questo accessibile e organizzabile.

Infine, va sottolineato che, sebbene il comando centrale resti sempre testuale, l'evoluzione delle interfacce di ChatGPT punta sempre di più verso la **multimodalità**: immagini, video, tabelle, codice, dati interattivi. Già oggi è possibile caricare un'immagine e scrivere: *"Spiegami cosa rappresenta questa infografica"*, oppure chiedere di analizzare visivamente uno screenshot. Il prompt dunque si arricchisce anche di **input visivi**, e l'interfaccia consente di incrociare linguaggi diversi in un'unica azione coesa.

In sintesi, saper usare l'interfaccia di ChatGPT e scrivere prompt efficaci significa sviluppare una nuova **alfabetizzazione digitale**, fatta di chiarezza, strategia, precisione e creatività. Non basta sapere "cosa chiedere": occorre anche sapere *come* chiederlo, *dove* scriverlo, *quale tono* usare e *quale forma* di output ci si aspetta. E questo tipo di consapevolezza si affina con l'esperienza, ma anche attraverso lo studio, la riflessione e la curiosità. L'interfaccia è il ponte tra l'intelligenza artificiale e l'intelligenza umana — un ponte che, più è chiaro, versatile e accessibile, più permette all'utente di esprimere tutto il proprio potenziale.

5. Scrivere prompt efficaci Tecniche per ottenere risposte migliori e più precise.

Scrivere prompt efficaci è una delle abilità centrali per chiunque voglia sfruttare ChatGPT in modo avanzato, preciso e produttivo. Un prompt non è solo una domanda: è una **istruzione strutturata** rivolta a un sistema linguistico addestrato a rispondere in base a contesti, esempi, vincoli e sfumature testuali. Anche minime variazioni nel modo in cui si formula un prompt possono portare a risposte profondamente diverse: un'aggiunta di contesto, un tono specifico, una richiesta esplicita di stile, lunghezza, pubblico di riferimento o formato dell'output trasformano radicalmente l'esito.

La prima tecnica fondamentale consiste nel **contestualizzare**. Un prompt generico come "Parlami della seconda guerra mondiale" produce un testo scolastico e molto generale. Ma specificando: *"Scrivimi una panoramica della seconda guerra mondiale come se dovessi spiegarla a un ragazzo di 14 anni, usando esempi semplici e un linguaggio accessibile"*, si orienta il modello verso un pubblico preciso e si imposta un registro adatto. Il contesto può essere legato al tipo di pubblico, al mezzo di comunicazione (testo, slide, email, post social), oppure all'obiettivo dell'utente.

Un secondo principio è la **specificità dell'intento**. Dire "Fammi un riassunto" è vago. Meglio: *"Riassumi questo articolo in 5 punti chiave, ognuno lungo massimo 2 frasi, con un tono neutro e oggettivo"*. Qui si indicano: quantità, lunghezza, struttura, stile. Più si è espliciti nel guidare il modello, più l'output sarà vicino alle attese. Questo è particolarmente utile in ambito professionale, dove si richiede rigore nei formati (come abstract, executive summary, schede prodotto, email formali, documentazione tecnica, ecc.).

Una terza tecnica molto potente è l'uso degli **esempi nel prompt stesso**. Se si desidera un certo stile, formato o struttura, mostrarlo in anticipo è spesso il modo migliore per "educare" la risposta. Ad esempio:

"Scrivi una recensione di un libro nello stesso stile di questa: 'Un viaggio intimo tra le pieghe dell'animo umano, dove la penna di X trasforma il dolore in poesia…'."

Questo approccio si chiama **prompt few-shot**: il modello riceve un esempio e lo imita nel tono, nella struttura e nel ritmo.

Un altro aspetto fondamentale nel creare prompt efficaci è la **chiarezza** nelle richieste. A volte, le domande vaghe o ambigue possono confondere il modello e portare a risposte imprecise o generiche. Se un utente scrive semplicemente: *"Parlami della scienza"*, il modello potrebbe rispondere con una panoramica generale sulla scienza stessa, senza un focus chiaro. È quindi utile essere chiari e specifici fin dall'inizio. Per esempio, *"Esplora le teorie scientifiche più influenti sulla relatività, fornendo un esempio pratico e un confronto con le teorie precedenti"* consente al modello di concentrarsi su un ambito molto più preciso e di evitare risposte vaghe. Chiarezza significa, quindi, **definire limiti, settori di interesse, e obiettivi** di ciò che si sta cercando.

Un altro aspetto legato alla chiarezza è la **strutturazione del prompt**. In molti casi, un prompt può essere composto da più frasi o indicazioni concatenate. Organizzare il prompt in modo ordinato, magari numerando i punti o separando le varie richieste con lettere o elenchi puntati, permette al modello di percepire meglio il flusso delle informazioni e rispondere in maniera organizzata. Ad esempio, un prompt che chiede informazioni su un argomento complesso potrebbe essere diviso in sezioni come:

1. Introduzione generale
2. Dettagli tecnici principali

3. Implicazioni sociali
4. Conclusioni e possibili sviluppi futuri.

Questa struttura aiuta ChatGPT a fornire una risposta ben articolata, senza rischiare che gli aspetti importanti vengano omessi. **Dividere il prompt in sotto-obiettivi** aiuta il modello a rimanere focalizzato su ognuno di essi, aumentando la precisione dell'output.

Un altro strumento importante per scrivere prompt efficaci è l'uso della **negazione esplicita**. Quando si vuole escludere qualcosa da una risposta, non basta lasciare che il modello interpreti il vuoto: è necessario specificare cosa non si vuole. Per esempio, se si desidera una descrizione di un luogo senza includere aspetti storici, una formulazione del tipo *"Descrivi Roma escludendo ogni riferimento alla sua storia antica"* fornirà una risposta focalizzata sulla città moderna, l'arte, la cultura contemporanea, i monumenti moderni, e così via. Questo approccio riduce la probabilità che vengano trattati aspetti non desiderati, evitando che il modello "riempi i vuoti" con informazioni non pertinenti.

Similmente, è molto utile quando si cercano risposte **concise** o **dettagliate**: specificare il livello di dettaglio richiesto è fondamentale per ottenere ciò che si desidera. Se si scrive *"Parlami dell'Intelligenza Artificiale"*, la risposta sarà probabilmente un'introduzione generica. Se si scrive invece *"Forniscimi una panoramica dettagliata sull'evoluzione dell'Intelligenza Artificiale, dalla sua nascita agli sviluppi moderni, con esempi pratici e applicazioni nei diversi settori"*, il modello avrà una guida precisa su come sviluppare una risposta più ricca e articolata. Specificare la **profondità** di esplorazione, da una semplice definizione a una trattazione lunga e complessa, aiuta notevolmente a ottenere risposte che corrispondano alle aspettative.

Una delle tecniche più avanzate è quella di usare **comandi a catena** o **prompt a sequenza**, in cui ogni risposta diventa il punto di partenza per la successiva. Ad esempio, si può iniziare chiedendo una panoramica generale di un argomento, come ad esempio la "storia della filosofia". Dopo aver ricevuto una risposta, il successivo prompt potrebbe chiedere un approfondimento su un filosofo in particolare, e successivamente ancora un'analisi di un'opera specifica di quel filosofo. Questi prompt successivi possono essere formulati come comandi interconnessi, come se l'interazione con il modello diventasse un processo continuo e cumulativo di esplorazione e apprendimento.

Un altro aspetto cruciale per migliorare l'efficacia dei prompt è la **consapevolezza del contesto** in cui si interagisce con ChatGPT. Alcuni comandi, infatti, sono più appropriati in un contesto di ricerca, mentre altri sono più adatti a un utilizzo quotidiano. Ad esempio, un prompt come *"Definisci la teoria dell'evoluzione secondo Darwin"* è perfetto in un ambiente scientifico, ma se si sta utilizzando ChatGPT in un contesto più creativo, potrebbe essere utile impostare il prompt in modo diverso: *"Crea una storia immaginaria in cui l'evoluzione gioca un ruolo centrale nella trama, ispirandoti alla teoria di Darwin"*. In entrambi i casi, il contenuto sarà esattamente quello richiesto, ma è la formulazione del prompt che definisce l'ambito dell'interazione.

Un ulteriore approccio efficace consiste nell'utilizzare il **feedback iterativo**. Dopo aver ricevuto una risposta iniziale, il sistema consente di fornire feedback immediato, chiedendo modifiche, affinamenti o aggiustamenti. Per esempio, dopo una risposta che non soddisfa pienamente le aspettative, l'utente può aggiungere: *"Aggiungi più dettagli sulle implicazioni sociali di questo argomento"* o *"Cambia il tono della risposta per renderlo più amichevole e meno formale"*. In questo modo, il modello non si limita a rispondere una sola volta, ma si adatta dinamicamente alle nuove richieste, favorendo un processo collaborativo che può evolvere progressivamente, perfezionando l'output finale.

La creatività nel formulare un prompt è altrettanto importante: non bisogna limitarsi a utilizzare solo frasi standard o formule preimpostate. Ad esempio, sperimentare con la **gamification**, come trasformare una richiesta in un gioco o una sfida (ad esempio, *"Scrivi una poesia in rima come se fosse una sfida tra due poeti medievali"*), può portare a risultati molto interessanti, mostrando la versatilità del modello nel rispondere a stimoli creativi non convenzionali. La capacità di ChatGPT di adattarsi a diversi stili e forme comunicative rende possibili applicazioni non solo tecniche o informative, ma anche artistiche e di intrattenimento.

Infine, **la revisione dei prompt** è un'ulteriore tecnica per ottimizzare i risultati. Sperimentare con diverse formulazioni di uno stesso prompt, provare varianti, aggiungere o togliere dettagli, è una pratica utile per affinare il tipo di risposta desiderata. Un prompt che inizialmente sembra non produrre la risposta giusta può essere modificato per includere nuovi spunti, riformulato per ridurre la vaghezza o ampliato per introdurre nuove sfaccettature. Questo processo di sperimentazione aiuta a comprendere meglio le potenzialità e le limitazioni del modello, ma anche a "educare" il sistema rispetto alle proprie necessità comunicative.

Un altro aspetto fondamentale nella scrittura di prompt efficaci riguarda la **precisione linguistica**. La lingua utilizzata deve essere il più possibile chiara, evitando frasi ambigue o troppo vaghe. Le sfumature semantiche e i termini troppo generali possono rendere difficile per il modello interpretare correttamente ciò che l'utente desidera. Se si scrive un prompt come *"Fammi vedere un esempio di una società ideale"*, il modello potrebbe generare una risposta che varia da una visione futuristica utopica a una distopia o una società perfetta storicamente. Un prompt più preciso come *"Descrivi una* *società ideale basata sulla cooperazione, l'uguaglianza sociale e l'equilibrio ecologico, senza riferimento a ideologie politiche specifiche"* permette al modello di restare focalizzato e di esprimere meglio la visione voluta. Qui, l'accuratezza della lingua è decisiva per evitare risposte fuorvianti o poco pertinenti.

Un altro strumento molto utile è l'uso di **parametri temporali** nei prompt. Quando si chiede al modello di produrre risposte su eventi storici, previsioni future o analisi temporali, includere dettagli su un intervallo di tempo specifico è molto utile. Un prompt come *"Descrivi l'evoluzione del trasporto pubblico"* è piuttosto generico, mentre uno come *"Descrivi l'evoluzione del trasporto pubblico tra il 1800 e il 2000, mettendo in evidenza i principali sviluppi tecnologici e le implicazioni sociali"* fornisce un quadro più delimitato che permette al modello di focalizzarsi su un arco temporale ben preciso e di mettere in evidenza i momenti chiave.

Inoltre, **l'uso di comparazioni** può rivelarsi molto utile per ottenere risposte più ricche e articolate. Chiedere al modello di fare un confronto tra due elementi, fenomeni o concetti è un ottimo modo per affinare un prompt. Per esempio, se si desidera una visione comparativa sulla gestione delle risorse naturali tra due paesi, è possibile scrivere: *"Confronta la gestione delle risorse naturali in Norvegia e Brasile, evidenziando le politiche ecologiche adottate e i risultati raggiunti"*. In questo caso, non solo il modello deve fornire informazioni dettagliate su ogni paese, ma deve anche integrare i due aspetti in un'analisi comparativa, unendo i concetti e facilitando una riflessione sulle differenze e somiglianze.

La **personalizzazione** dei prompt in base alla propria esperienza o ai propri interessi è un'altra tecnica potente. Se un utente ha già un'idea chiara su un argomento o ha una certa familiarità con il tema di discussione, può formulare un prompt più avanzato che si costruisce sulle proprie conoscenze. Per esempio, un ricercatore in intelligenza artificiale potrebbe scrivere: *"Spiegami il modello Transformer in dettaglio, evidenziando i miglioramenti rispetto ai modelli precedenti come LSTM e GRU, e includendo esempi di applicazione pratica in NLP"*. In questo caso, il prompt non solo è più avanzato rispetto a una richiesta generale sul modello Transformer, ma presuppone anche una comprensione da parte dell'utente di concetti complessi, e guida il modello verso risposte più dettagliate e mirate.

In parallelo, è importante avere una visione della **risposta attesa**. Un buon prompt tiene conto non solo di ciò che si chiede, ma anche di **come** si desidera che la risposta venga formulata. Ad esempio, se un utente ha bisogno di una risposta dettagliata ma di facile comprensione, potrebbe specificare: *"Spiega il teorema di Fermat in modo semplice, con esempi concreti e senza usare troppo linguaggio matematico avanzato"*. La specifica di come deve essere strutturata la risposta (esempi concreti, linguaggio semplice, ecc.) aiuta enormemente ChatGPT a formulare una risposta che rispetti le aspettative.

Un'altra tecnica avanzata che migliora l'efficacia dei prompt è il **controllo del tono**. Sebbene il tono di una risposta dipenda spesso dall'input stesso, è utile specificare esplicitamente come deve essere impostato. Ad esempio, se si scrive: *"Scrivi una lettera di condoglianze per la morte di un collega, usando un tono formale, rispettoso e empatico"*, il modello sarà in grado di produrre una risposta che tiene conto delle sfumature emotive richieste, evitando un tono troppo distaccato o inappropriato. Il controllo del tono è particolarmente utile per applicazioni come la scrittura di email professionali, lettere personali o comunicazioni ufficiali, dove le sfumature emotive sono fondamentali.

L'uso della variabilità è un altro aspetto importante per ottenere risposte ricche. In alcuni casi, può essere utile chiedere al modello di esplorare diverse possibilità o varianti su un tema, anziché limitarsi a una sola prospettiva. Un esempio di prompt che sfrutta questa tecnica potrebbe essere: *"Fornisci tre diverse soluzioni per ridurre l'inquinamento nelle città, ognuna con i propri vantaggi e svantaggi"*. Questo non solo arricchisce il contenuto della risposta, ma stimola anche una riflessione su più angolazioni, portando a risposte che sono più complete e analitiche.

Un'altra strategia efficace per **scrivere prompt dinamici** è quella di **guidare il modello attraverso fasi**. In alcune situazioni, può essere utile richiedere che il modello compia dei passaggi intermedi prima di fornire una risposta finale. Per esempio, un prompt come: *"Fornisci un elenco delle principali cause del cambiamento climatico e poi, per ogni causa, spiegane gli effetti a lungo termine"* guida il modello a spezzare il processo in fasi logiche, creando una risposta più strutturata e chiara. In questo modo, si ottengono risposte che non solo rispondono alla domanda, ma presentano anche il ragionamento passo-passo che porta alla conclusione finale.

Un aspetto che non va trascurato è l'**adattamento ai limiti** del modello. Sebbene ChatGPT sia potente, non è infallibile. Alcune richieste potrebbero risultare troppo complesse o non completamente comprensibili. In questi casi, è utile formulare il prompt in modo che tenga conto di questa limitazione. Ad esempio, se si ha una domanda molto complessa, è possibile scomporla in più parti: *"Inizia spiegando cosa intendi per intelligenza artificiale in senso generale, poi prosegui con una spiegazione più specifica sull'apprendimento automatico e, infine, sui suoi utilizzi nell'industria"*. In questo modo, si facilita la comprensione del modello e si evitano risposte parziali o poco coerenti.

Un altro approccio utile nella scrittura di prompt efficaci è quello di sfruttare il **linguaggio contestuale**. Quando si scrive un prompt, non è solo la formulazione delle parole a fare la differenza, ma anche il contesto in cui vengono inserite. Per esempio, se un utente ha bisogno di una risposta che abbia un certo livello di tecnicismo o che sia adatta a un pubblico accademico, il linguaggio del prompt deve riflettere quella richiesta. Un prompt come *"Fornisci una descrizione dei principi fisici alla base dell'energia nucleare, usando il linguaggio tecnico della fisica"* dirigerà il modello a rispondere con un linguaggio preciso e tecnico, mentre un altro prompt come *"Spiega l'energia nucleare in modo che un pubblico generico possa capirlo"* spingerà il modello a usare una terminologia più accessibile. Adattare il linguaggio del prompt alla tipologia di pubblico o di contesto di utilizzo è cruciale per ottenere risposte che siano sia accurate che appropriate.

La **specifica delle risorse desiderate** è un altro modo per affinare i prompt. Quando si cerca una risposta che si basi su una particolare fonte o tipo di contenuto, è importante includere nel prompt ciò che si desidera utilizzare come base di partenza. Un esempio di un prompt che sfrutta questa tecnica potrebbe essere: *"Utilizzando come riferimento i dati pubblicati dal World Health Organization, spiega le principali cause di mortalità nei paesi in via di sviluppo"*. Qui, il modello saprà di focalizzarsi su un tipo di dato specifico e su un'autorità riconosciuta, migliorando l'accuratezza e la pertinenza della risposta. In generale, quando si ha una fonte preferita, menzionarla direttamente nel prompt può portare a risposte più affidabili e focalizzate.

Un aspetto altrettanto importante è il **controllo della complessità del linguaggio**. Alcuni utenti potrebbero necessitare di risposte che siano altamente tecniche, mentre altri potrebbero avere bisogno di spiegazioni più semplici e di facile comprensione. La capacità di indirizzare il modello a utilizzare o evitare un linguaggio complesso è fondamentale. Si può formulare un prompt del tipo *"Fornisci una definizione complessa della teoria della relatività"* o, viceversa, *"Descrivi la teoria della relatività in termini semplici, in modo che un* *bambino possa capirla"*. Questo tipo di orientamento aiuta a stabilire il livello di difficoltà della risposta e assicura che il modello non ecceda con concetti troppo difficili o troppo semplicistici, a seconda della situazione.

Inoltre, l'uso della **formalità o dell'informalità** è un altro aspetto che può influire notevolmente sulla qualità della risposta. A seconda del contesto, si può desiderare una risposta che sia più formale, come per una comunicazione ufficiale, o più informale, come in un contesto di intrattenimento o di conversazione. Un prompt come *"Scrivi una lettera di scuse formale a un cliente insoddisfatto"* fornirà una risposta seria, professionale e rispettosa, mentre un altro come *"Scrivi un messaggio informale per scusarti con un amico per un malinteso"* porterà il modello a utilizzare un linguaggio più casuale e amichevole. Saper controllare questo aspetto del linguaggio aumenta l'efficacia dei prompt e assicura che le risposte siano adeguate al tono desiderato.

Inoltre, un altro modo per migliorare la qualità del risultato è fare uso della **gradualità**. I prompt possono essere scritti in modo che il modello proceda per fasi, sviluppando la risposta in modo graduale e sistematico. Un esempio di prompt che sfrutta questa tecnica potrebbe essere: *"Fornisci una panoramica del cambiamento climatico, inizia spiegando cosa si intende per cambiamento climatico, poi discuti le cause principali e infine descrivi gli effetti su scala globale"*. Questa struttura passo-passo consente al modello di rispondere in modo ordinato e chiaro, evitando di saltare da un concetto all'altro senza coerenza.

Un'altra tecnica avanzata è quella di richiedere una **riflessione critica** da parte del modello. Questo tipo di prompt stimola il modello a non limitarsi a fornire fatti, ma a esplorare anche opinioni, punti di vista contrastanti o a fare delle analisi più profonde. Un esempio potrebbe essere: *"Descrivi gli effetti dell'intelligenza artificiale sulle industrie tradizionali,* *analizzando sia i vantaggi che gli svantaggi, e proponendo una possibile visione critica per il futuro"*. In questo modo, si incoraggia il modello a fornire non solo una descrizione dei fatti, ma anche a fare delle analisi critiche, arricchendo la risposta con spunti di riflessione e opinioni articolate.

Parallelamente, è importante anche imparare a **contestualizzare le risposte** in base alle esigenze. Per esempio, se un utente sta cercando una panoramica storica su un argomento, come la **Rivoluzione Francese**, è utile chiedere esplicitamente di includere un contesto geografico, politico, sociale o economico. Un prompt come *"Fornisci una panoramica della Rivoluzione Francese, mettendo in evidenza le cause politiche, economiche e sociali, e i suoi effetti sui paesi vicini"* indirizzerà il modello a esplorare non solo gli eventi in sé, ma anche a integrarli in un contesto più ampio, consentendo una risposta molto più sfaccettata.

Un altro modo di ottimizzare i prompt è quello di incoraggiare il **ragionamento analogico**. Quando si vuole che il modello risolva un problema o esplori un concetto attraverso una metafora o un'analogia, formulare un prompt che induca il ragionamento per analogia può essere molto utile. Un esempio potrebbe essere: *"Spiega il concetto di economia circolare usando una metafora legata alla natura"*. In questo caso, il modello potrebbe rispondere con un'analogia, paragonando il flusso di materiali in un'economia circolare al ciclo dell'acqua o alla rigenerazione delle risorse naturali, creando un ponte tra concetti complessi e familiarità quotidiana.

Inoltre, è utile sfruttare la **possibilità di rifinire il prompt nel tempo**. In molte situazioni, un prompt iniziale potrebbe non fornire la risposta perfetta al primo tentativo, ma può essere ottimizzato progressivamente attraverso tentativi successivi. Questo processo di raffinamento implica una collaborazione continua con il modello, dove ogni risposta serve a migliorare la successiva, introducendo nuove specifiche o risolvendo ambiguità. Un esempio potrebbe essere l'iniziale richiesta di *"Parlami della storia del cinema"*, seguita da un prompt successivo che può chiedere un approfondimento su un aspetto particolare, come *"Racconta la storia del cinema negli anni '50, concentrandoti sulle innovazioni tecnologiche"*. Ogni prompt successivo chiarisce ulteriormente il percorso di ricerca e contribuisce a una risposta sempre più mirata.

Un altro approccio molto utile nella scrittura di prompt efficaci riguarda l'**utilizzo di specifiche richieste di formattazione**. In alcuni casi, quando si desidera una risposta in un formato particolare, è utile includere questa richiesta all'interno del prompt. Per esempio, se si sta cercando un riassunto di un articolo scientifico, si può specificare: *"Fornisci un riassunto dell'articolo X, suddiviso in punti principali e con un elenco delle conclusioni finali"*. Questo tipo di indicazioni aiuta il modello a strutturare la risposta nel modo desiderato, rendendola più facilmente leggibile e mirata. Inoltre, richiedere una risposta in formato elenco, tabella o bullet point aiuta a rendere le informazioni più accessibili e facilmente comprensibili, soprattutto quando si trattano concetti complessi.

Un'altra tecnica avanzata nella scrittura dei prompt riguarda l'**uso della gradualità e dei livelli di dettaglio**. A volte è utile partire da un prompt più generale per esplorare un argomento, e poi affinarlo successivamente per ottenere risposte più specifiche. Per esempio, se un utente vuole esplorare le diverse fasi di sviluppo dell'intelligenza artificiale, potrebbe iniziare con un prompt più ampio come *"Parlami dell'evoluzione dell'intelligenza artificiale dal 1950 a oggi"*. Successivamente, potrebbe affilare la richiesta con una domanda più focalizzata, come *"Descrivi le principali innovazioni tecnologiche che hanno contribuito al progresso dell'intelligenza artificiale nel campo della visione artificiale"*. Questo approccio a più fasi consente al modello di fornire risposte che evolvono progressivamente, cominciando con una panoramica generale e andando sempre più in profondità man mano che si affinano le richieste.

Allo stesso modo, l'**uso di domande aperte e chiuse** può essere un altro modo per ottimizzare i prompt. Le domande aperte, come *"Quali sono i fattori che influenzano la crescita economica di un paese?"*, sono utili per ottenere risposte più ampie e articolate, che esplorano una varietà di possibilità. D'altra parte, le domande chiuse, come *"La crescita economica è influenzata principalmente dal capitale umano e dal capitale fisico?"*, limitano le risposte a una conferma o smentita e sono utili quando si desidera una risposta concisa e diretta. Una combinazione di entrambi i tipi di domande, a seconda del contesto e dell'obiettivo dell'utente, può portare a un'interazione più profonda e variegata con il modello.

Un altro aspetto fondamentale nella scrittura di prompt efficaci è l'**uso dei contesti di applicazione**. Quando si chiede al modello di applicare un concetto o una teoria a un caso specifico, è utile fornire il contesto in modo chiaro. Per esempio, se si sta esplorando la teoria dei giochi e si desidera applicarla a una situazione pratica come il marketing digitale, un prompt potrebbe essere formulato in questo modo: *"Spiega come la teoria dei giochi può essere applicata alla concorrenza tra due aziende nel mercato del marketing digitale, tenendo conto dei costi, delle strategie di pricing e delle risposte dei consumatori"*. Questo tipo di richiesta aiuta a contestualizzare il concetto e a orientare la risposta verso un'applicazione pratica, rendendo la risposta molto più pertinente.

L'**esplorazione di scenari ipotetici** è un'altra tecnica efficace che può stimolare la creatività e la riflessione critica nel modello. Si tratta di chiedere al modello di esplorare come una situazione potrebbe evolvere in base a determinati cambiamenti o decisioni. Un esempio potrebbe essere: *"Se l'energia solare diventasse improvvisamente molto più economica, come cambierebbe la politica energetica globale nei prossimi 20* *anni?"*. Questa tecnica permette di generare risposte che non solo descrivono il presente o il passato, ma esplorano anche scenari futuri, basandosi su ipotesi specifiche. Avere un'idea chiara di come formulare questi scenari ipotetici permette di ottenere risposte creative, esplorative e speculative.

In parallelo, **la precisione nei dettagli** è spesso cruciale per ottenere risposte valide. In molte situazioni, è necessario che i dettagli richiesti nel prompt siano specificati chiaramente, in modo che il modello possa rispondere in modo adeguato. Per esempio, quando si chiede una descrizione di un argomento o un concetto scientifico, specificare quale aspetto si desidera esplorare può fare una grande differenza. Un prompt come *"Descrivi la fotosintesi"* è piuttosto generico, mentre un prompt come *"Descrivi il processo di fotosintesi in dettaglio, includendo il ruolo della clorofilla, la produzione di glucosio e la reazione chimica che avviene"* aiuta a dirigere la risposta verso un livello di dettaglio molto più preciso.

Un altro aspetto da considerare quando si scrivono prompt efficaci è l'**evitare l'uso di pregiudizi impliciti**. A volte, le formulazioni di un prompt possono influenzare la risposta a causa di bias inconscio che può emergere nel linguaggio utilizzato. Ad esempio, un prompt come *"Spiega come le donne hanno avuto un ruolo nell'industria tecnologica"* potrebbe suggerire che il loro ruolo sia stato inferiore a quello degli uomini in un determinato periodo storico, mentre un prompt come *"Spiega come le donne hanno contribuito allo sviluppo dell'industria tecnologica, sia in passato che nel presente"* aiuta a evitare pregiudizi e a portare a una risposta più equilibrata e inclusiva. Prestare attenzione a come i termini sono formulati è fondamentale per ottenere risposte imparziali e non orientate.

Inoltre, un altro strumento utile quando si vogliono ottenere risposte più contestualizzate è l'**uso delle categorie di informazioni**. Questo approccio consiste nel chiedere al modello di rispondere suddividendo il contenuto in categorie specifiche. Un esempio potrebbe essere: *"Fornisci una panoramica delle cause della crisi finanziaria del 2008, suddividendo le cause in tre categorie: economiche, politiche e sociali"*. Questo tipo di approccio consente al modello di fornire risposte ben strutturate e facilmente comprensibili, senza tralasciare nessun aspetto rilevante dell'argomento in questione.

In parallelo, un altro approccio importante è **l'uso delle risposte contrastanti**. Quando si desidera un'analisi più sfumata e completa, può essere utile chiedere al modello di esplorare sia i pro e i contro di un argomento, una decisione o una teoria. Un esempio di prompt in questa direzione potrebbe essere: *"Descrivi i vantaggi e gli svantaggi dell'utilizzo delle criptovalute, esplorando gli aspetti economici, legali e sociali"*. Questo tipo di prompt aiuta il modello a non limitarsi a un punto di vista unilaterale, ma a esplorare l'argomento da diverse prospettive, portando a risposte più equilibrate e approfondite.

Infine, una tecnica fondamentale è quella di **adattare i prompt ai cambiamenti di contesto e di domande precedenti**. Quando si interagisce con il modello per ottenere risposte più approfondite o per risolvere un problema complesso, è importante avere la flessibilità di cambiare la direzione della conversazione in base alle risposte ottenute. Questo tipo di approccio, in cui si costruisce una conversazione evolutiva, può portare a una comprensione più profonda dell'argomento, e permette di modificare i prompt nel tempo per rispondere meglio alle necessità che emergono.

Concludere il punto sulla scrittura di prompt efficaci significa riflettere su come tutte le tecniche finora esplorate si intrecciano per migliorare l'interazione con modelli linguistici come ChatGPT. Scrivere prompt efficaci è tanto un'arte quanto una scienza, un processo che richiede una comprensione profonda sia delle capacità del modello che delle proprie esigenze di risposta. Concludere significa, dunque, sottolineare i principi chiave che emergono da queste tecniche, che sono fondamentali per ottimizzare l'utilizzo del modello e ottenere risposte precise, coerenti e rilevanti.

Innanzitutto, la **chiarezza e la specificità** rimangono le due colonne portanti di un prompt ben scritto. Quando si ha una richiesta chiara e ben formulata, si massimizzano le probabilità che il modello fornisca una risposta adeguata. Un prompt vago o ambiguo, al contrario, può portare a risposte imprecise o poco pertinenti. La specificità aiuta anche a indirizzare il modello verso il tipo di linguaggio e il livello di dettaglio desiderato. Se si sta cercando una risposta tecnica, un prompt che richieda l'uso di un linguaggio specialistico, o che faccia riferimento a una fonte riconosciuta, contribuirà a garantire che la risposta sia orientata nel modo giusto.

In secondo luogo, la **struttura** del prompt è altrettanto cruciale. L'uso di frasi ben strutturate, che includano indicatori di formato (ad esempio, "in elenco", "in formato tabella", "concludi con una sintesi"), consente al modello di organizzare la risposta in un modo che risponda esattamente alle aspettative dell'utente. A volte, specificare una sequenza di risposte o una progressione graduale (come nel caso della descrizione di un processo passo-passo) è il miglior modo per ottenere una spiegazione chiara e logica.

Un altro principio fondamentale è **l'adattamento al contesto**. Ogni prompt deve tenere conto del pubblico e della situazione in cui si inserisce la risposta. La comprensione di chi leggerà la risposta finale, se un pubblico esperto o inesperto, e cosa si intende raggiungere con la risposta, se una spiegazione semplice o una riflessione critica, è vitale per formulare un prompt adatto. L'adattamento non riguarda solo il linguaggio, ma anche il livello di profondità e le informazioni specifiche che si richiedono.

Inoltre, è importante ricordare che i prompt non devono necessariamente essere perfetti al primo tentativo. La **raffinazione** continua dei prompt è essenziale: spesso, l'interazione con il modello avviene in più fasi, dove i dettagli man mano vengono affinati o cambiati per ottenere una risposta più precisa. L'aggiunta di dettagli extra, la riformulazione di domande e la specificazione di ulteriori vincoli aiutano il modello a fornire risposte sempre più mirate e pertinenti.

Una delle capacità più potenti nell'interazione con ChatGPT è proprio quella di sfruttare la **flessibilità** del modello. L'utente può, infatti, indirizzare la conversazione in maniera molto precisa, cambiando il tono, il formato, e la profondità delle risposte in base alle proprie esigenze. Questo permette un'interazione altamente dinamica e personalizzata.

Infine, il prompt perfetto non esiste: ogni situazione, ogni esigenza, e ogni tipo di informazione richiede una riflessione sul tipo di risposta che si desidera ottenere. Piuttosto, è la **consapevolezza delle proprie necessità** e l'esercizio nel formulare le domande che porta al miglioramento continuo della scrittura dei prompt. Con il tempo, gli utenti diventano sempre più abili nell'indirizzare il modello, fino a ottenere risposte sempre più efficaci e su misura per i propri scopi. La pratica è un elemento fondamentale di questo processo.

In sintesi, scrivere prompt efficaci è un processo iterativo e consapevole che richiede una comprensione chiara di ciò che si vuole ottenere. Saper essere chiari, specifici, e consapevoli del contesto permette di massimizzare le capacità di ChatGPT, ottenendo risposte che siano il più possibile utili, pertinenti, e precise.

6. ChatGPT per lo studio e la formazione Come usarlo per apprendere, fare ricerche, schematizzare contenuti.

ChatGPT può essere un potente strumento per lo studio e la formazione, poiché offre molteplici funzionalità che consentono di apprendere in modo più efficiente, fare ricerche approfondite e schematizzare contenuti in modo chiaro e accessibile. La versatilità del modello consente di adattarlo a una varietà di scenari educativi e di formazione, facilitando l'interazione con argomenti complessi e il consolidamento di nuove informazioni. Vediamo in dettaglio come utilizzare ChatGPT in questi ambiti.

1. Apprendimento di nuovi concetti

ChatGPT è particolarmente utile per coloro che desiderano approfondire nuovi argomenti o concetti. Gli utenti possono chiedere spiegazioni su una vasta gamma di temi, che vanno dalla scienza alla storia, dalla matematica alla letteratura. L'aspetto più interessante è che ChatGPT può adattare la risposta al livello di conoscenza dell'utente, quindi è in grado di fornire spiegazioni più semplici o più avanzate a seconda delle necessità. Per esempio, un utente che sta cercando di imparare un concetto di base come la **fotosintesi** può chiedere a ChatGPT una definizione semplice, mentre un altro studente che studia biologia avanzata può richiedere una spiegazione più dettagliata e scientifica, includendo reazioni chimiche specifiche.

Un altro vantaggio è che, grazie alla sua capacità di formulare spiegazioni con diversi gradi di dettaglio, è possibile ottenere una comprensione più profonda degli argomenti, evitando la frustrazione di non riuscire a trovare risposte adeguate a vari livelli di difficoltà.

2. Aiuto con le ricerche

ChatGPT può essere utilizzato come uno strumento per **ricercare informazioni** su qualsiasi argomento. Sebbene non possa sostituire completamente fonti accademiche e articoli di ricerca, è comunque un valido punto di partenza per raccogliere informazioni, capire concetti chiave, e scoprire nuove risorse. Ad esempio, uno studente che sta preparando una tesina o una ricerca su un tema specifico, come la **sostenibilità ambientale**, può chiedere a ChatGPT di raccogliere informazioni relative a questo campo, indicare fonti di riferimento, oppure spiegare le principali teorie o approcci scientifici riguardanti la questione.

La chiave qui è essere specifici nel prompt per ottenere risposte più precise. Ad esempio, chiedere *"Quali sono i principali problemi legati alla sostenibilità ambientale nei paesi in via di sviluppo?"* porterà a una risposta più mirata rispetto a una richiesta più generica come *"Parlami della sostenibilità ambientale"*.

Inoltre, ChatGPT può suggerire argomenti correlati da esplorare ulteriormente. Queste **connessioni tematiche** possono aprire nuove vie di ricerca, spesso rivelando aree non precedentemente considerate.

3. Schematizzazione dei contenuti

Uno degli usi più pratici di ChatGPT per lo studio è la **schematizzazione dei contenuti**. Il modello è in grado di riassumere concetti complessi e presentare informazioni in formati facilmente leggibili, come elenchi puntati, tabelle, diagrammi descrittivi e mappe concettuali. Ad esempio, un utente che sta studiando la **Teoria della relatività** di Einstein può chiedere di schematizzare i principali concetti della teoria, come il principio di equivalenza e la dilatazione temporale, in un elenco conciso o in una tabella comparativa che ne evidenzi le differenze con la teoria newtoniana.

Inoltre, gli studenti possono chiedere a ChatGPT di creare **mappe concettuali** in formato testo, che raggruppano concetti simili e li collegano tra loro. Un esempio potrebbe essere: *"Crea una mappa concettuale dei principali eventi storici che hanno portato alla Seconda Guerra Mondiale"*. Questo aiuta non solo a ottenere una panoramica chiara, ma anche a visualizzare le connessioni tra eventi, ideologie e nazioni coinvolte.

4. Simulazione di quiz e test

ChatGPT può essere utilizzato anche come strumento di **preparazione per esami e test**. Gli utenti possono chiedere di creare domande basate su un argomento specifico, che simulano il tipo di domande che potrebbero apparire in un esame. Questi quiz possono variare da domande a risposta aperta a domande a scelta multipla, e permettono agli studenti di allenarsi su concetti chiave, migliorando la loro comprensione e memorizzazione.

Per esempio, uno studente che sta preparando un esame di **storia dell'arte** potrebbe chiedere a ChatGPT di generare una serie di domande che coprano vari periodi, come il Rinascimento e il Barocco, per testare la propria conoscenza. Il modello può anche suggerire risposte corrette o spiegazioni dettagliate, se richiesto, per approfondire la comprensione degli argomenti trattati.

5. Studiare in modo interattivo

Un altro modo in cui ChatGPT può essere utilizzato per l'apprendimento è creando un **approccio interattivo allo studio**. Anziché limitarsi a ricevere risposte, gli studenti possono interagire in modo attivo, ponendo domande di follow-up, chiedendo chiarimenti, o chiedendo al modello di eseguire operazioni specifiche, come risolvere equazioni matematiche o analizzare un testo letterario. Questo tipo di interazione dinamica è utile per approfondire la comprensione di un argomento e per sviluppare capacità critiche.

Ad esempio, durante lo studio della **fisica quantistica**, uno studente potrebbe chiedere al modello di spiegare il concetto di entanglement quantistico e, successivamente, approfondire una particolare applicazione o implicazione teorica. La capacità di passare da un livello di concetto astratto a un livello applicato permette un'apprendimento dinamico e pratico.

6. Personalizzazione dell'esperienza di studio

ChatGPT offre anche un alto grado di **personalizzazione** nell'ambito dell'apprendimento. Ogni utente può adattare i propri prompts alle proprie preferenze e al proprio stile di apprendimento. Alcuni potrebbero preferire risposte più sintetiche e concise, mentre altri potrebbero cercare risposte lunghe e dettagliate. Inoltre, il modello può anche modificare il tono e lo stile di scrittura in base alle esigenze dell'utente, passando da un linguaggio formale a uno informale o viceversa, rendendo l'apprendimento più accessibile e meno intimidatorio.

Gli studenti che si trovano ad affrontare materie difficili o che richiedono una comprensione avanzata (come la **chimica organica** o l'**intelligenza artificiale**) possono chiedere spiegazioni che utilizzano esempi pratici o analogie, rendendo concetti complessi più facili da comprendere.

7. Feedback immediato e miglioramento continuo

Un altro vantaggio fondamentale nell'utilizzo di ChatGPT per lo studio è la possibilità di ottenere **feedback immediato**. Gli studenti possono fare esercizi, risolvere problemi, e subito chiedere al modello di correggere eventuali errori o spiegare i passaggi mancanti. Questo tipo di feedback rapido aiuta a mantenere un ciclo di apprendimento continuo, dove gli errori vengono corretti quasi istantaneamente, permettendo un miglioramento più rapido.

Per esempio, uno studente che sta cercando di risolvere un esercizio di **matematica** può chiedere al modello di verificare la soluzione di un problema, ricevendo risposte e suggerimenti su come correggere gli eventuali errori commessi.

In sintesi, ChatGPT offre un ambiente di studio versatile, interattivo e altamente personalizzabile. Con l'uso di tecniche come la schematizzazione dei contenuti, il supporto alle ricerche, la creazione di quiz e l'apprendimento attivo, può supportare efficacemente gli studenti in vari contesti educativi. La sua capacità di adattarsi al livello di conoscenza dell'utente e la disponibilità di risposte rapide e dettagliate lo rendono uno strumento indispensabile per l'apprendimento e la formazione.

L'utilizzo di ChatGPT per lo studio e la formazione si estende anche a contesti in cui la flessibilità e la creatività sono fondamentali, come l'apprendimento delle lingue, l'educazione inclusiva e il supporto allo studio autodiretto. Una delle funzioni meno esplorate ma estremamente utili del modello è la possibilità di simulare scenari comunicativi reali. Per chi studia una lingua straniera, ad esempio, ChatGPT può impersonare un partner linguistico per esercitarsi in conversazioni naturali. Lo studente può scegliere di affrontare dialoghi in contesti diversi, come ordinare al ristorante, sostenere un colloquio di lavoro o parlare di un viaggio, e ricevere correzioni, suggerimenti e nuove espressioni da integrare nel proprio vocabolario. Questo tipo di interazione supera il limite statico dei libri di testo e offre un'esperienza molto più immersiva e pratica.

Allo stesso modo, ChatGPT può aiutare a elaborare strategie di apprendimento personalizzate. Un utente può descrivere le proprie difficoltà, ad esempio nello studio della matematica finanziaria o della filosofia greca, e ricevere suggerimenti su come suddividere il materiale in blocchi gestibili, creare piani di studio giornalieri, alternare tecniche come il metodo Pomodoro o la ripetizione spaziata, e scegliere le risorse più adatte al proprio stile cognitivo. La funzione non è solo passiva: ChatGPT può fungere da coach virtuale, ricordando all'utente gli obiettivi prefissati, proponendo revisioni periodiche, o creando esercizi personalizzati per rinforzare le aree più deboli.

L'aspetto collaborativo dell'apprendimento può essere potenziato se si usa ChatGPT in gruppi di studio. Un gruppo di studenti può usarlo per fare brainstorming su un argomento, confrontare idee, oppure avere un aiuto nella stesura di elaborati complessi. Può fungere da "moderatore" virtuale, che sintetizza le idee emerse, propone connessioni logiche e guida il gruppo a formulare una struttura coerente per una presentazione o una relazione. In ambito universitario, questo è particolarmente utile per i progetti interdisciplinari, dove ChatGPT può contribuire a individuare collegamenti tra campi differenti, come ad esempio tra neuroscienze e intelligenza artificiale, o tra letteratura classica e teoria della comunicazione.

Nell'ambito della formazione professionale, ChatGPT può essere utilizzato per simulare situazioni di lavoro reali. Per esempio, uno studente di medicina può chiedere al modello di impersonare un paziente con sintomi specifici, per esercitarsi nel ragionamento clinico e nella diagnosi differenziale. Un aspirante programmatore può richiedere la simulazione di un colloquio tecnico o chiedere di correggere codice in tempo reale. I futuri insegnanti possono simulare interazioni con studenti in difficoltà e testare strategie didattiche alternative. In tutti questi casi, ChatGPT non fornisce solo contenuto, ma diventa parte attiva del processo di apprendimento attraverso il dialogo, la correzione, la verifica e l'adattamento continuo.

In contesti educativi inclusivi, ChatGPT può rappresentare una risorsa straordinaria per studenti con bisogni educativi speciali. Per esempio, può semplificare testi complessi per chi ha difficoltà cognitive o linguistiche, può spiegare più volte lo stesso concetto in modi diversi per studenti con dislessia o disturbi dell'apprendimento, oppure può essere programmato per rispondere a domande frequenti con pazienza infinita, diventando una guida accessibile sempre disponibile. Anche studenti con disabilità motorie, che faticano a interagire con materiali didattici tradizionali, possono usare ChatGPT attraverso comandi vocali o con l'aiuto di dispositivi assistivi, rendendo l'apprendimento più fluido e meno frustrante.

Nel campo della metacognizione, ChatGPT può aiutare gli utenti a riflettere sul proprio modo di apprendere. Ponendo domande come "Qual è il modo più efficace per me di memorizzare informazioni?" oppure "Perché faccio fatica a concentrarmi su questo tipo di testo?", lo studente può dialogare con il modello per analizzare le proprie abitudini, confrontarle con strategie comprovate dalla ricerca pedagogica, e testare nuove soluzioni. È come avere un diario interattivo, capace di porre domande, analizzare risposte e suggerire cambiamenti concreti in tempo reale. Questo tipo di riflessione guidata aiuta a sviluppare una maggiore autonomia e consapevolezza, che sono fondamentali per l'apprendimento a lungo termine.

Un'altra funzione di grande valore è la possibilità di personalizzare lo **stile comunicativo del contenuto** per adattarlo a diversi tipi di pubblico o contesti. Per esempio, uno studente universitario potrebbe chiedere a ChatGPT di spiegare un argomento scientifico in modo adatto a un bambino, oppure a un pubblico generalista, o ancora in modo accademico. Questa capacità di tradurre lo stesso contenuto in registri linguistici differenti aiuta ad assimilare realmente le informazioni, perché costringe a rielaborarle con parole proprie, il che rafforza la memoria e la comprensione. Inoltre, è uno strumento utile per chi deve preparare presentazioni orali, dove è importante calibrare il linguaggio in base al pubblico.

Dal punto di vista motivazionale, ChatGPT può offrire anche supporto nei momenti di stallo o di perdita di concentrazione. Un utente può semplicemente scrivere: "Non riesco a studiare oggi, ho perso la motivazione", e ricevere consigli empatici, tecniche di auto-organizzazione, esercizi di respirazione o suggerimenti per fare una pausa attiva. Questa forma di "coaching emotivo" non sostituisce uno psicologo o un tutor, ma può essere un aiuto concreto per superare blocchi temporanei, specialmente quando si studia da soli.

Infine, la capacità di ChatGPT di **creare connessioni interdisciplinari** è una risorsa poco esplorata ma ricchissima. Quando uno studente studia la Rivoluzione francese, può chiedere al modello di collegare gli eventi storici con le correnti artistiche del tempo, le implicazioni filosofiche dell'Illuminismo, e le trasformazioni economiche dell'epoca. Questo permette una comprensione sistemica e completa, che va oltre la semplice memorizzazione di date e fatti, e stimola un pensiero critico e una visione globale della conoscenza.

Un altro aspetto fondamentale dell'utilizzo di ChatGPT per lo studio e la formazione è la sua capacità di adattarsi a livelli di difficoltà diversi e di fungere da strumento di tutoring continuo. A differenza di una lezione frontale, che ha un ritmo prestabilito e che difficilmente si adatta alle esigenze di ciascun partecipante, ChatGPT può essere interrogato infinite volte, su qualsiasi dettaglio, in qualsiasi momento della giornata. Questo rende l'apprendimento più accessibile, sia per chi vuole anticipare i contenuti prima di una lezione, sia per chi ha bisogno di rinforzare le proprie competenze dopo l'incontro con l'insegnante. Inoltre, ogni risposta può essere contestualizzata, ampliata, semplificata o resa più tecnica, offrendo una gamma di registri linguistici e livelli cognitivi che nessun singolo manuale o docente può incarnare simultaneamente.

Nella scrittura accademica, ChatGPT può assumere un ruolo di guida metodologica. Uno studente che deve preparare una tesi può usare il modello per definire una struttura coerente, individuare ipotesi di ricerca, sintetizzare fonti, riformulare paragrafi complessi, suggerire metodi di analisi, oppure proporre modi di citazione corretti. Lo strumento può aiutare anche a evitare errori comuni come l'anacoluto, la ridondanza o la vaghezza semantica, proponendo revisioni stilistiche e alternative espressive. Questo processo di assistenza nella scrittura non è solo tecnico, ma anche formativo: l'utente impara a riflettere sulla coerenza argomentativa, sull'economia del linguaggio e sull'efficacia comunicativa dei propri testi.

Nel contesto della preparazione a esami, ChatGPT può trasformarsi in un generatore di quiz personalizzati. È possibile chiedere al modello di creare test a scelta multipla, domande a risposta aperta, esercizi di completamento, problemi numerici e persino prove simulate per esami standardizzati come l'IELTS, il TOEFL, l'SAT, la maturità o concorsi pubblici. L'utente può interagire con queste simulazioni come se stesse affrontando una vera prova, per poi ricevere feedback dettagliati sulle risposte, suggerimenti su come migliorare e indicazioni bibliografiche per colmare eventuali lacune. Questo approccio dinamico, basato sul principio dell'apprendimento per prove ed errori, è molto più efficace del semplice studio passivo, perché obbliga a misurarsi attivamente con i contenuti.

Nel caso di discipline pratiche come la matematica, la fisica o l'informatica, ChatGPT può accompagnare lo studente nella risoluzione di problemi passo per passo. Si può iniziare con un esercizio semplice, come il calcolo dell'area di un trapezio, e arrivare alla dimostrazione di teoremi più complessi, all'analisi delle derivate o alla modellazione di circuiti elettronici. Il modello può spiegare ogni passaggio con rigore logico ma anche con un linguaggio accessibile, permettendo di capire non solo "come" si fa un certo calcolo, ma "perché" lo si fa in quel modo. In ambito informatico, può correggere il codice, proporre algoritmi alternativi, spiegare concetti di complessità computazionale, oppure trasformare un esercizio di base in un progetto più articolato, con interfaccia grafica e documentazione.

Quando si parla di ChatGPT per la formazione, non bisogna dimenticare il suo potenziale come creatore di contenuti didattici personalizzati. Gli insegnanti possono usarlo per generare materiali su misura per i propri studenti, come schede riassuntive, mappe concettuali, esercizi mirati, glossari tematici, spiegazioni visive. Si può anche chiedere al modello di adattare il contenuto a diversi stili di apprendimento: più narrativo per gli studenti verbali, più schematico per i visuali, più analogico per i creativi, più strutturato per i logico-matematici. In questo modo, ChatGPT diventa un moltiplicatore della capacità didattica, offrendo risorse diversificate che un singolo docente difficilmente riuscirebbe a produrre da solo in tempi brevi.

Anche l'aspetto della **gamification** può essere integrato nell'apprendimento con l'aiuto di ChatGPT. L'intelligenza artificiale può simulare giochi educativi, quiz a tempo, cacce al tesoro linguistiche, tornei di logica, battaglie tra concetti filosofici o sfide di coding. Questo trasforma lo studio in un'attività meno noiosa e più coinvolgente, stimolando la competizione positiva e l'apprendimento attraverso il divertimento. La possibilità di creare scenari, regole, punteggi, missioni e livelli di difficoltà rende l'esperienza ancora più immersiva, specialmente nei contesti formativi dove la motivazione degli studenti è fragile o altalenante.

ChatGPT può inoltre svolgere un ruolo importante nei percorsi di formazione continua per adulti. L'apprendimento non è solo una prerogativa scolastica: sempre più persone adulte, per esigenze lavorative o interesse personale, si trovano a dover aggiornare le proprie competenze. Un manager può chiedere al modello di sintetizzare i principi del project management agile, un tecnico può studiare i nuovi protocolli di rete, un artista può approfondire le correnti del postmodernismo, un genitore può imparare le basi della psicologia dell'età evolutiva. Il modello fornisce una risposta immediata, contestualizzata e aggiornata, rendendo il lifelong learning più accessibile che mai.

L'utilizzo di ChatGPT nella formazione può estendersi anche alla costruzione di simulazioni di ambienti professionali o culturali. Un aspirante imprenditore può simulare il lancio di una startup, discutendo business plan, analisi SWOT, strategie di marketing e calcolo dei margini di profitto. Uno studente di archeologia può esplorare una "simulazione dialogata" di uno scavo, parlando con ChatGPT come se fosse un collega esperto che fornisce interpretazioni su reperti e stratificazioni. Un amante della letteratura può conversare con una versione simulata di Dante o Shakespeare, per approfondire opere e contesti storici con un approccio immersivo e creativo. Queste simulazioni, pur non essendo reali, possono avere un impatto formativo profondo perché stimolano l'immaginazione, l'interdisciplinarità e la capacità critica.

Un altro campo particolarmente fertile nell'utilizzo di ChatGPT per lo studio e la formazione è quello dell'apprendimento linguistico. ChatGPT può infatti agire come un compagno di conversazione, un correttore grammaticale, un dizionario contestualizzato e un traduttore intelligente, tutto in uno. Chi studia una lingua straniera può esercitarsi a scrivere testi, a tradurre frasi, a interpretare idiomi e modi di dire, a chiedere spiegazioni su costrutti sintattici particolari, oppure a simulare dialoghi quotidiani come ordinare al ristorante, chiedere indicazioni stradali o affrontare un colloquio di lavoro. Il vantaggio rispetto a un classico dizionario è che ogni parola o espressione può essere illustrata con esempi dinamici, inserita in contesti diversi e anche adattata alle varianti linguistiche regionali, come l'inglese britannico rispetto a quello americano, o lo spagnolo castigliano rispetto a quello latinoamericano.

Inoltre, ChatGPT può essere impiegato come strumento di **metacognizione**, cioè per aiutare lo studente a riflettere su come apprende. È possibile, ad esempio, chiedere al modello di aiutare a costruire una tabella di marcia di studio, analizzare i propri punti di forza e di debolezza, individuare le tecniche mnemoniche più efficaci in base al proprio stile di apprendimento, o valutare l'efficacia di un piano formativo già intrapreso. Questo tipo di dialogo meta-didattico è molto difficile da ottenere in contesti scolastici tradizionali, dove il tempo per ogni alunno è limitato e le strategie di studio raramente vengono esplorate in profondità. Invece, con ChatGPT si può impostare un vero e proprio percorso di autoanalisi, con domande guida, riflessioni strutturate e correzione continua della rotta in base ai risultati ottenuti.

Anche per chi studia materie umanistiche, ChatGPT rappresenta una risorsa sorprendentemente ricca. È possibile chiederne l'aiuto per interpretare testi poetici, confrontare correnti filosofiche, sintetizzare autori complessi, o elaborare analisi tematiche, stilistiche e strutturali di romanzi, saggi, opere teatrali. A differenza di un normale riassunto, le risposte fornite possono essere orientate da domande precise: per esempio, si può chiedere "Spiegami perché Kierkegaard è considerato un precursore dell'esistenzialismo, con riferimento alla sua opera *Timore e tremore*" oppure "Forniscimi una lettura simbolica del personaggio di Gregor Samsa ne *La metamorfosi*". In questo modo, l'interazione con il modello diventa uno stimolo per affinare il pensiero critico e la capacità interpretativa, due abilità centrali in ogni disciplina umanistica.

Nel mondo scientifico, ChatGPT può aiutare a comprendere teorie complesse che nei manuali risultano spesso presentate in modo troppo sintetico o, al contrario, troppo tecnico. È possibile esplorare la relatività generale, la meccanica quantistica, la teoria dei giochi, la bioinformatica o la genetica con spiegazioni progressive, analogie, schemi e domande intermedie. Ad esempio, se uno studente non capisce cosa sia un bosone, può chiedere una definizione semplice, poi una spiegazione fisica, poi un esempio reale, poi un confronto con un fermione, e infine può anche chiedere quale ruolo abbia il bosone di Higgs nel modello standard. Questo tipo di accesso sequenziale e ramificato alla conoscenza è uno dei tratti distintivi dell'uso didattico di ChatGPT.

Nelle arti visive e nella musica, il modello può offrire informazioni storiche, analisi tecniche e supporto creativo. Un aspirante pittore può chiedere la differenza tra impressionismo e post-impressionismo, ma anche suggerimenti su come organizzare una palette cromatica, consigli sulla prospettiva o su come rappresentare un volto in chiaroscuro. Un musicista in formazione può esplorare la teoria musicale, imparare a costruire scale, comporre brevi motivi, armonizzare melodie o analizzare la struttura di una sonata classica. In alcuni casi, ChatGPT può perfino simulare un processo creativo: può aiutare a scrivere il testo di una canzone, ideare un concept per una mostra, o sviluppare il soggetto di un cortometraggio.

Nel campo dell'educazione inclusiva, ChatGPT ha un potenziale di supporto enorme. Studenti con disturbi specifici dell'apprendimento, come la dislessia, la discalculia o il disturbo dell'attenzione, possono ricevere spiegazioni più lente, testi semplificati, schemi visuali e strategie di studio ad hoc. Il modello può anche essere interrogato per costruire materiale didattico che tenga conto di queste esigenze, aiutando genitori, insegnanti e tutor ad accompagnare il percorso formativo con maggiore consapevolezza. Inoltre, per studenti con disabilità motorie o del linguaggio, l'interazione testuale può risultare più immediata e meno frustrante rispetto a lezioni in presenza o a esercizi scritti su carta.

Un uso avanzato e ancora poco esplorato di ChatGPT nella formazione consiste nella **programmazione di percorsi interdisciplinari**. Lo studente o il docente può chiedere di costruire un percorso tematico che unisca letteratura e storia, fisica e filosofia, matematica e arte, scienze ambientali e diritto. È possibile costruire un ciclo di lezioni, definire obiettivi cognitivi, proporre attività laboratoriali e progetti da svolgere in gruppo. Questo approccio si rivela particolarmente utile nei licei e nelle università, dove spesso si cerca di sviluppare il pensiero complesso attraverso il dialogo tra le discipline. Con ChatGPT, si può simulare un vero e proprio comitato interdisciplinare sempre disponibile, con cui confrontarsi nella costruzione e nella verifica del progetto educativo.

Inoltre, uno degli aspetti più innovativi nell'uso di ChatGPT per lo studio e la formazione riguarda la **possibilità di simulare ambienti d'apprendimento personalizzati**, adattabili non solo al contenuto ma anche al livello di preparazione, al ritmo cognitivo e persino allo stile comunicativo di ogni singolo studente. Per esempio, chi è alle prime armi con un argomento può chiedere spiegazioni semplificate, analogie intuitive, esempi tratti dalla vita quotidiana. Chi invece ha già un livello intermedio o avanzato può richiedere approfondimenti tecnici, bibliografie, contestualizzazioni storiche o confronti fra scuole di pensiero diverse. Questa elasticità permette di colmare le lacune, rinforzare i punti deboli e progredire con una curva di apprendimento meno traumatica rispetto ai percorsi formali standardizzati.

Un ulteriore utilizzo particolarmente efficace si ha nella **generazione di quiz, esercizi e simulazioni d'esame**. ChatGPT può creare test a risposta multipla, domande aperte, casi di studio o problemi da risolvere con un grado di difficoltà scelto dall'utente. Non solo: può fornire anche le soluzioni commentate, spiegare gli errori, suggerire strategie di risoluzione e mostrare il ragionamento passo dopo passo. In ambito universitario, ad esempio, uno studente di ingegneria può chiedere un esercizio sulla statica dei corpi rigidi con dati numerici realistici e poi verificare se ha svolto correttamente i calcoli. Uno studente di giurisprudenza può richiedere un caso giuridico da risolvere secondo una determinata normativa nazionale o internazionale, con la possibilità di analizzare le sentenze più rilevanti. Questo tipo di interazione aumenta l'autoefficacia percepita e incentiva l'apprendimento attivo.

Non meno importante è il fatto che ChatGPT possa fungere da **strumento di sintesi e riorganizzazione dell'informazione**. Chi studia grandi volumi di testi — come studenti universitari, dottorandi o candidati a concorsi — può usare il modello per riassumere articoli scientifici, comparare fonti, semplificare trattati complessi o trasformare un testo discorsivo in schemi, mappe concettuali, glossari o tabelle. Questo facilita non solo la memorizzazione, ma anche il richiamo dell'informazione al momento opportuno, ad esempio durante un'interrogazione o un'esposizione orale. Il modello può inoltre identificare i punti chiave di un testo, le sue implicazioni logiche, le connessioni interdisciplinari e le possibili critiche, fornendo uno strumento di analisi che va oltre la mera parafrasi.

Nel contesto della **formazione professionale**, ChatGPT si rivela utile per acquisire competenze tecniche specifiche o aggiornarsi su temi settoriali. Per esempio, un grafico può imparare le basi della tipografia, delle regole di composizione e dei principi del design responsivo. Un aspirante programmatore può farsi spiegare le differenze tra linguaggi di programmazione, chiedere esempi di codice, esercitarsi con piccoli script o imparare a usare librerie e framework. Un operatore sanitario può simulare casi clinici, aggiornarsi su protocolli terapeutici o richiedere spiegazioni sui meccanismi fisiologici alla base di una patologia. Anche chi lavora nel commercio, nel marketing o nell'amministrazione può trovare in ChatGPT un alleato per imparare a scrivere email professionali, compilare documenti, leggere bilanci o analizzare dati con strumenti digitali.

Un altro aspetto notevole è che l'interazione con ChatGPT può favorire **l'autonomia nello studio**, una competenza trasversale sempre più richiesta in ambito educativo. Essere capaci di porsi le domande giuste, selezionare le fonti, gestire il tempo, pianificare obiettivi intermedi e monitorare i progressi sono tutte abilità che possono essere stimolate tramite il dialogo con il modello. Anziché affidarsi passivamente a un insegnante o a un manuale, lo studente viene incoraggiato a dirigere attivamente il proprio percorso di apprendimento, modulandolo sulle proprie esigenze. Inoltre, ChatGPT può ricordare le richieste precedenti (entro un certo contesto) e sviluppare il discorso in modo coerente, fornendo continuità e progressione tra una sessione di studio e l'altra.

Anche nell'ambito della **didattica per docenti e formatori**, ChatGPT può essere usato come assistente nella progettazione educativa. Può aiutare a scrivere obiettivi formativi secondo la tassonomia di Bloom, elaborare rubriche di valutazione, creare materiali didattici inclusivi, progettare attività cooperative, suggerire strumenti digitali complementari come app educative o simulatori online. I docenti possono anche usarlo per avere spunti creativi nella costruzione di lezioni interdisciplinari, proporre giochi didattici o role-playing, o costruire domande stimolo per la flipped classroom. Il vantaggio non è solo nella rapidità di generazione dei contenuti, ma anche nella possibilità di esplorare diverse varianti, confrontarle e adattarle al proprio stile di insegnamento o alla classe specifica.

La possibilità di utilizzare ChatGPT per lo studio e la formazione rappresenta una delle applicazioni più trasformative e potenti dell'intelligenza artificiale generativa, in quanto consente una **personalizzazione profonda dell'apprendimento** e una **flessibilità didattica** finora impensabili. La sua capacità di adattarsi al livello, allo stile cognitivo e agli obiettivi dello studente lo rende uno strumento trasversale, utile in ogni fascia d'età e in ogni ambito disciplinare. Dalla scuola primaria all'università, dalla formazione tecnica alla riqualificazione professionale, ChatGPT può diventare un supporto stabile e progressivo, capace di affiancare l'essere umano non sostituendo la guida del docente, ma potenziandola.

A differenza dei tradizionali sistemi di apprendimento, ChatGPT consente l'interazione continua, la riformulazione delle domande, la richiesta di chiarimenti, la costruzione graduale della conoscenza e perfino la simulazione di ambienti complessi come laboratori, dialoghi, esami orali e discussioni critiche. La possibilità di fare domande illimitate senza il timore del giudizio o della stanchezza dell'interlocutore, rende lo studio più sereno e privo di ansia da prestazione, stimolando la curiosità in modo naturale. In più, il feedback immediato consente di correggere gli errori in tempo reale, di colmare le lacune subito e di riformulare la propria comprensione dinamicamente, con vantaggi evidenti anche in termini di consolidamento della memoria a lungo termine.

In ambito scolastico, la sua versatilità si manifesta nella creazione di esercizi, schede didattiche, percorsi di recupero, potenziamento, attività interdisciplinari, giochi educativi, simulazioni di verifiche e supporto alla didattica inclusiva. Nelle università e nei corsi professionali, si trasforma in tutor individuale, bibliotecario digitale, correttore di bozze, creatore di mappe concettuali, spiegatore tecnico, mentore creativo. Chi affronta esami, concorsi o test certificativi può usarlo per generare simulazioni, revisionare le risposte, analizzare errori e costruire strategie di studio personalizzate basate sulla propria performance.

Inoltre, ChatGPT supporta anche la **metacognizione**: stimola lo studente a riflettere sul proprio modo di apprendere, a identificare le strategie più efficaci, a monitorare il proprio progresso e a regolare il percorso in base ai risultati ottenuti. Questo contribuisce a formare individui più autonomi, consapevoli e capaci di apprendere per tutta la vita, in linea con le nuove esigenze della società della conoscenza.

Non va trascurato il ruolo che ChatGPT può avere nell'ambito della **formazione continua**, cruciale in un mondo del lavoro in costante evoluzione. Può essere un alleato prezioso per l'aggiornamento professionale, per l'apprendimento just-in-time, per l'esplorazione di nuove aree disciplinari e per lo sviluppo di soft skill come la comunicazione, il pensiero critico, la gestione del tempo e la collaborazione. Inoltre, può fungere da strumento di supporto all'insegnamento, offrendo ai docenti idee, materiali, schemi di lezione e strumenti di valutazione.

In sintesi, ChatGPT per lo studio e la formazione non è semplicemente un'enciclopedia interattiva o un assistente scolastico virtuale: è un **facilitatore cognitivo**, un **compagno di percorso**, uno **strumento di autoformazione**, che può essere modellato sulle esigenze specifiche di ogni individuo o contesto educativo. Se usato consapevolmente, con spirito critico e attenzione pedagogica, ha il potenziale di democratizzare l'accesso alla conoscenza, di rafforzare le competenze trasversali e di rendere lo studio non solo più efficace, ma anche più stimolante, creativo e significativo.

7. ChatGPT nel lavoro quotidiano Automazione di attività, supporto alla scrittura, generazione di idee.

ChatGPT nel lavoro quotidiano rappresenta un alleato digitale sempre disponibile, capace di intervenire in una moltitudine di contesti professionali per automatizzare attività ripetitive, semplificare la scrittura, velocizzare i flussi di comunicazione e stimolare la generazione di idee. La sua applicazione si estende trasversalmente in ambiti amministrativi, creativi, tecnici e relazionali, con impatti evidenti sull'efficienza, sulla produttività e persino sul benessere lavorativo, in quanto permette di delegare compiti dispendiosi in termini di tempo e concentrazione, liberando energie per attività a maggior valore aggiunto.

Uno dei principali utilizzi riguarda l'**automazione di attività quotidiane**, come la scrittura di email, la redazione di verbali, la preparazione di documenti standardizzati, la formulazione di risposte a domande ricorrenti, la stesura di report sintetici o di resoconti settimanali. ChatGPT può infatti redigere rapidamente testi coerenti e professionali sulla base di poche istruzioni, adattando tono e contenuto in base al destinatario (cliente, collega, superiore, partner esterno). Per esempio, un manager può chiedere un'email formale di follow-up dopo una riunione, mentre un customer care può generare risposte personalizzate per richieste comuni senza dover scrivere tutto da zero.

Nel campo della **scrittura professionale**, il supporto si estende alla redazione di proposte commerciali, comunicati stampa, curriculum vitae, lettere motivazionali, descrizioni di prodotto, contenuti per siti web o presentazioni aziendali. In questo caso, ChatGPT può intervenire sia in fase generativa, creando un primo draft su cui poi intervenire, sia in fase editoriale, migliorando stile, grammatica, chiarezza e persuasività. Chi lavora nel marketing o nella comunicazione, ad esempio, può usarlo per produrre varianti dello stesso messaggio promozionale a seconda del target, ottimizzare testi per il SEO, oppure simulare il tone of voice di un marchio specifico.

Per quanto riguarda la **generazione di idee**, ChatGPT rappresenta una risorsa estremamente utile per la fase di brainstorming, la pianificazione strategica, lo sviluppo di nuovi progetti o l'ideazione di contenuti. Può suggerire titoli per una campagna pubblicitaria, slogan, nomi di prodotti, idee per post sui social, strutture per un articolo, scalette per un video o possibili percorsi narrativi per una storia aziendale. La rapidità con cui propone spunti alternativi — e la possibilità di rigenerare le risposte quante volte si vuole — aiuta a superare blocchi creativi, ampliare i punti di vista, esplorare soluzioni non convenzionali e aprire nuove piste di riflessione.

L'utilizzo di ChatGPT nel lavoro quotidiano va oltre la semplice assistenza linguistica, diventando un vero e proprio **amplificatore delle capacità professionali**, capace di adattarsi alle esigenze di figure anche molto diverse tra loro, da liberi professionisti e imprenditori fino a impiegati amministrativi, project manager, sviluppatori, formatori e creativi. La sua versatilità è tale da permettere interventi rapidi e mirati in micro-attività giornaliere quanto nella strutturazione di processi complessi a medio-lungo termine. Uno degli aspetti più apprezzati, infatti, è la possibilità di usarlo come una "mente collaborativa" sempre disponibile, che non si stanca, non perde il filo, e che può gestire richieste sequenziali mantenendo coerenza nel discorso.

In ambito **organizzativo**, ad esempio, ChatGPT può aiutare nella redazione di to-do list intelligenti, nella gestione delle priorità attraverso la sintesi di compiti complessi, nella definizione di flussi di lavoro o perfino nella generazione di modelli di gestione del tempo come tecniche Pomodoro personalizzate, piani settimanali flessibili e suggerimenti per aumentare la produttività in base al tipo di attività. Non si limita quindi a elencare cosa fare, ma può fornire anche strategie pratiche per eseguire meglio quei compiti, per esempio proponendo modi più efficaci di strutturare una riunione o automatizzare attività attraverso strumenti digitali di terze parti.

Nel **settore amministrativo**, può velocizzare operazioni come la scrittura di comunicazioni interne, la verifica di normative, la formulazione di testi per pratiche burocratiche, o la preparazione di documenti per audit e certificazioni. ChatGPT può anche aiutare nella traduzione contestualizzata di testi, facilitando il lavoro in ambienti internazionali dove è necessario passare velocemente da una lingua all'altra mantenendo la terminologia tecnica e il tono professionale adeguato.

Nel **customer service**, invece, può simulare conversazioni, proporre script di risposta per chatbot, o supportare nella gestione dei ticket, suggerendo formule di risposta che siano empatiche ma anche precise e risolutive. In particolare, può aiutare a rispondere a recensioni (positive e negative), a scrivere FAQ, e a ridurre il tempo medio di risposta grazie a modelli di messaggi generati automaticamente sulla base delle richieste ricevute. Questo tipo di supporto migliora l'esperienza cliente e alleggerisce il carico cognitivo degli operatori umani, riducendo stress e burn-out.

Per chi lavora in **ambito tecnico o informatico**, ChatGPT può supportare nella scrittura o nella spiegazione di codice, nella documentazione di progetti, nella risoluzione di bug, nel refactoring di script, e nella formulazione di query per database. La sua capacità di elaborare codice in vari linguaggi e spiegare passo passo ciò che fa, consente di accelerare l'apprendimento e ridurre drasticamente il tempo speso nella ricerca manuale. Allo stesso tempo, può essere interrogato per simulare il comportamento di utenti, testare input possibili, suggerire librerie da utilizzare, o spiegare vulnerabilità e metodi di ottimizzazione.

In **ambito legale e contrattuale**, sebbene non possa sostituirsi a un avvocato, ChatGPT può aiutare a redigere bozze di contratti, lettere formali, informative, regolamenti aziendali e accordi di riservatezza. Può anche spiegare clausole contrattuali complesse in linguaggio semplice, suggerire riformulazioni o fornire esempi su come strutturare un documento in base alla normativa di riferimento. In questo modo si riduce la dipendenza da consulenze esterne per attività ripetitive o di basso rischio, risparmiando tempo e denaro.

Nel **mondo HR**, è utile per scrivere offerte di lavoro, valutare CV, generare domande per i colloqui, fornire modelli di valutazione delle competenze, suggerire percorsi formativi personalizzati in base ai ruoli aziendali, e anche creare contenuti per la formazione interna o la cultura d'impresa. Inoltre, può aiutare a costruire sondaggi per il clima aziendale, analizzare i risultati e proporre azioni correttive, creando così un ponte tra dati qualitativi e azioni strategiche.

In ambito **commerciale e vendite**, ChatGPT può essere un assistente prezioso nel creare offerte personalizzate, email persuasive, risposte a obiezioni comuni e pitch di vendita su misura per il cliente specifico. I venditori possono descrivere il proprio prodotto, il contesto del cliente e l'obiettivo della comunicazione, e ricevere in pochi secondi un messaggio strutturato, mirato e ottimizzato per aumentare le possibilità di conversione. Non solo: può anche aiutare a generare script per le telefonate, testi per follow-up automatici, o simulare obiezioni frequenti dei clienti e offrire risposte efficaci, diventando così un alleato nella formazione dei team di vendita. Inoltre, è in grado di analizzare informazioni di mercato, suggerire nuovi segmenti target o identificare trend emergenti partendo da dati strutturati o semistrutturati.

Nel contesto della **formazione aziendale**, ChatGPT può contribuire in maniera significativa alla costruzione di contenuti didattici personalizzati, quiz, moduli di apprendimento interattivi e materiale di supporto per corsi interni. È capace di semplificare concetti complessi adattandoli al livello di conoscenza dei partecipanti, creare piani formativi graduali per nuovi assunti, o aggiornare materiali esistenti in funzione delle nuove normative, delle tecnologie emergenti o delle evoluzioni del mercato. I formatori possono usarlo per generare casi studio, esempi pratici, esercizi, sintesi, e perfino per simulare domande d'esame o role-play virtuali.

Nel **settore creativo e multimediale**, ChatGPT ha un ruolo sempre più centrale nella generazione di concept, storyline, testi pubblicitari, sceneggiature, contenuti per video, slogan, idee per campagne grafiche o audiovisive, testi per voice-over, descrizioni per prodotti digitali e contenuti virali per i social. È possibile descrivere il pubblico di riferimento, il tono desiderato, il contesto culturale o il canale di pubblicazione (YouTube, Instagram, TikTok, blog aziendale, ecc.), e ottenere proposte adatte a ogni tipo di piattaforma e narrazione. I creativi possono anche usare ChatGPT per superare blocchi mentali, riformulare idee poco convincenti, esplorare registri alternativi (serio, ironico, poetico, informale), e iterare velocemente fino a trovare la versione più potente del messaggio.

Per chi opera nella **gestione progetti**, l'intelligenza artificiale può supportare la definizione degli obiettivi SMART, la scomposizione in task, la creazione di cronoprogrammi, la scrittura di verbali e piani di progetto, la valutazione dei rischi, la stesura di report periodici e la comunicazione con stakeholder. ChatGPT può anche aiutare a trovare strumenti utili per la gestione del team, suggerire framework metodologici come Agile o Waterfall in base al contesto, o offrire modelli di comunicazione per situazioni delicate, come la gestione di ritardi o modifiche al budget.

Nel campo del **giornalismo e della produzione editoriale**, può essere utilizzato per scrivere bozze di articoli, proporre titoli accattivanti, riassumere fonti, creare scalette editoriali, semplificare testi complessi per il pubblico generale, oppure generare versioni dello stesso contenuto per canali differenti. Ad esempio, un giornalista può partire da un'intervista o da un report di ricerca e ottenere una sintesi coerente, chiara e ben strutturata da sviluppare in un articolo completo. Può anche essere impiegato per identificare tendenze partendo da notizie internazionali o analisi dati in tempo reale, ipotizzando scenari alternativi o offrendo prospettive interdisciplinari.

In ambito **scientifico e accademico**, ChatGPT rappresenta uno strumento utile nella formulazione di domande di ricerca, nella revisione linguistica di articoli, nella scrittura di abstract, nella riformulazione di tesi e ipotesi, e nel confronto tra teorie. Può sintetizzare articoli scientifici, spiegare concetti complessi in linguaggio semplificato per la divulgazione, o supportare nella stesura di grant proposal. Non si sostituisce all'analisi critica, ma può velocizzare fasi tecniche come la bibliografia iniziale, le introduzioni generiche, o la riscrittura in linguaggio accademico formale.

Infine, anche nelle **professioni sanitarie** e di **consulenza**, dove l'empatia e la relazione umana restano insostituibili, ChatGPT può offrire supporti indiretti ma preziosi: dalla redazione di documenti clinici alla semplificazione del linguaggio per i pazienti, dalla scrittura di materiale informativo alla generazione di risposte a domande frequenti, dall'organizzazione di linee guida alla simulazione di casi ipotetici per la formazione. I medici possono usarlo per spiegare terapie complesse a pazienti con scarsa alfabetizzazione sanitaria; gli psicologi per costruire questionari o schede operative; i nutrizionisti per elaborare menu esemplificativi sulla base di esigenze specifiche.

Per concludere in modo molto dettagliato il punto sull'uso di **ChatGPT nel lavoro quotidiano**, è fondamentale comprendere che questa tecnologia non si limita a fungere da semplice assistente testuale, ma si configura come uno **strumento trasversale**, capace di potenziare l'efficienza, migliorare la qualità del lavoro e stimolare l'innovazione in praticamente ogni ambito professionale. Il valore principale risiede nella sua **capacità di adattamento**, ovvero nell'essere una tecnologia che si modella sulle esigenze dell'utente, anziché costringerlo ad apprendere un nuovo linguaggio o schema operativo.

Uno degli elementi più rivoluzionari consiste nel **cambiamento del rapporto tempo/lavoro**: molte attività che prima richiedevano ore – come scrivere relazioni, riassumere documenti, redigere email articolate, generare idee creative, o anche solo trovare la "giusta espressione" – possono ora essere completate o avviate in pochi minuti. Questo non solo aumenta la produttività, ma riduce l'affaticamento decisionale e apre lo spazio mentale per attività a più alto valore strategico. In altre parole, ChatGPT agisce come **una forza moltiplicatrice delle competenze**, permettendo anche ai non esperti di ottenere risultati professionali in ambiti in cui non hanno piena padronanza tecnica o linguistica.

Nel lavoro quotidiano, ChatGPT eccelle per **tre ragioni fondamentali**: disponibilità immediata, versatilità linguistica, e capacità contestuale. Essendo sempre accessibile, fornisce supporto in tempo reale, anche in situazioni di urgenza o in contesti ad alto stress. La sua padronanza di numerosi linguaggi e registri (formale, tecnico, colloquiale, creativo) lo rende utilizzabile sia per la comunicazione interna che esterna. Inoltre, la sua capacità di comprendere e mantenere il contesto di una conversazione – specialmente nelle versioni più avanzate – consente di gestire flussi di lavoro complessi senza dover ripetere ogni volta le informazioni chiave.

Tuttavia, l'efficacia di ChatGPT nel lavoro non dipende solo dalla potenza del modello, ma anche dalla **consapevolezza dell'utente**. Chi impara a scrivere prompt chiari, a fornire dettagli rilevanti e a dialogare con l'intelligenza artificiale come con un collaboratore reale, ottiene risultati superiori. L'apprendimento di questa "lingua dell'efficacia" è un investimento a basso costo e altissimo ritorno, che può portare vantaggi competitivi sia a livello individuale che aziendale.

Va sottolineato che ChatGPT **non sostituisce la componente umana**: la sua funzione è di supporto, accelerazione e potenziamento. L'intuito, l'etica, la relazione interpersonale e la visione strategica restano prerogative umane insostituibili. L'intelligenza artificiale fornisce strumenti; spetta all'essere umano decidere **come, quando e perché usarli**.

Infine, uno degli effetti collaterali più interessanti dell'uso quotidiano di ChatGPT nel lavoro è il **miglioramento delle soft skill**: chi interagisce con il modello spesso affina la propria capacità di sintesi, chiarezza espositiva, strutturazione del pensiero e gestione delle informazioni. In questo senso, la tecnologia non solo supporta il lavoro, ma **trasforma le persone**, rendendole più abili nel comunicare, organizzarsi, e affrontare la complessità.

In sintesi, integrare ChatGPT nel lavoro quotidiano significa entrare in una nuova fase della produttività professionale, dove la **collaborazione uomo-macchina** diventa un vantaggio reale, quotidiano e misurabile. E come ogni strumento potente, la sua efficacia dipenderà non solo dalle sue capacità, ma soprattutto **da come sapremo utilizzarle con intelligenza, curiosità e responsabilità**.

8. ChatGPT nella creatività Scrivere storie, poesie, giochi di ruolo, canzoni, ecc.

ChatGPT nella creatività rappresenta una delle espressioni più affascinanti del potenziale dell'intelligenza artificiale, perché consente di affiancare alla potenza computazionale una forma di generatività testuale che si avvicina sorprendentemente alla spontaneità umana. L'aspetto più coinvolgente è che questa IA non si limita a replicare contenuti esistenti, ma è in grado di combinare in modo originale elementi, stili, registri e generi per dare vita a testi che stimolano l'immaginazione, favoriscono l'ispirazione e amplificano il processo creativo personale o collaborativo.

Nel campo della **scrittura narrativa**, ChatGPT può generare racconti brevi, romanzi, fiabe per bambini, storie a puntate, sceneggiature cinematografiche o teatrali e tanto altro. Basta fornire un incipit, un genere, una breve descrizione dei personaggi o un'ambientazione per veder sviluppata una trama coerente, spesso arricchita da colpi di scena, dialoghi realistici e descrizioni evocative. Può anche proseguire storie già iniziate, riscrivere passaggi in stili diversi (umoristico, gotico, epico, lirico), oppure trasformare narrazioni in versioni adatte a pubblici diversi, come l'adattamento per bambini, per lettori young adult o per pubblicazioni professionali.

Nel genere **poetico**, ChatGPT è in grado di comporre versi in rima, in metrica classica o libera, secondo strutture precise come sonetti, haiku, acrostici, villanelle o ballate. È sufficiente indicare l'argomento, il tono emotivo, il pubblico o persino una parola chiave da inserire nei versi. Riesce a catturare emozioni, immagini, simboli e sensazioni con una sensibilità sorprendente, che può essere ulteriormente raffinata attraverso una serie di prompt iterativi. È anche capace di imitare lo stile di poeti famosi o generare poesie in lingue diverse con corretta struttura e musicalità.

Per quanto riguarda la **musica e i testi di canzoni**, ChatGPT può scrivere testi originali su tematiche specifiche, in diversi stili e generi (pop, rap, rock, indie, jazz, classico, ecc.), con rime, strofe, ritornelli e bridge coerenti e orecchiabili. Può persino imitare artisti noti, suggerire progressioni armoniche base (testuali, non audio), o tradurre testi in altre lingue mantenendo ritmo e metrica. I musicisti possono usarlo per generare bozze da sviluppare, per trovare parole difficili da incastrare o per ricevere feedback e variazioni di uno stesso testo.

Nel mondo dei **giochi di ruolo** (RPG), ChatGPT trova applicazioni straordinarie. Può creare mondi immaginari, costruire lore dettagliate, progettare personaggi con background complessi, generare missioni, mappe testuali, dialoghi interattivi, e addirittura fungere da Dungeon Master virtuale per sessioni improvvisate. I giocatori possono chiedergli di narrare eventi, gestire l'esito delle azioni, calcolare dinamiche semplici in stile D&D, oppure creare schede personaggio complete. ChatGPT è capace di mantenere il tono epico, drammatico o comico richiesto, modulando il linguaggio in base all'ambientazione (fantasy, cyberpunk, horror, storico, futuristico, ecc.).

L'aspetto straordinario è che tutto questo non richiede competenze tecniche specifiche: chiunque, con un'idea o un'intenzione creativa, può sedersi davanti a ChatGPT e cominciare a creare, collaborando con una mente artificiale che stimola, risponde, rilancia e raffina. È una **scrittura interattiva**, una co-creazione continua che si adatta al ritmo e allo stile dell'utente.

ChatGPT, nel contesto creativo, agisce come una fonte inesauribile di stimoli, un laboratorio virtuale sempre aperto dove le idee possono essere forgiate, testate, modificate e riproposte in forme sempre nuove. La sua capacità di comprendere il linguaggio naturale e restituire contenuti coerenti con il contesto rende possibile una collaborazione che non è passiva, ma dinamica, stimolante e spesso sorprendente anche per chi ha molta esperienza in ambiti artistici o narrativi. Chi lavora nel campo della scrittura, ad esempio, può impiegarlo non solo per generare contenuti originali, ma anche per superare momenti di blocco creativo, esplorare nuove prospettive narrative, o creare un brainstorming strutturato attorno a una trama o a un personaggio.

La versatilità stilistica è una delle doti più apprezzate. ChatGPT riesce a emulare con naturalezza stili letterari estremamente diversi tra loro: può scrivere un racconto gotico con tinte oscure e lessico arcaico, oppure passare immediatamente a uno young adult ricco di dialoghi brillanti e riferimenti contemporanei. Può imitare lo stile di autori famosi, riprodurre tecniche letterarie come il flusso di coscienza o la narrazione frammentata, oppure riscrivere un paragrafo adottando punti di vista alternativi, come quello di un oggetto inanimato, di un animale o di un narratore onnisciente.

Nel mondo della creatività visiva, anche se ChatGPT non genera immagini direttamente (a meno che non sia integrato con strumenti come DALL·E o simili), può essere usato per **descrivere scene nei minimi dettagli**, ispirare bozzetti grafici, suggerire palette cromatiche a partire da sensazioni emotive o ambientazioni narrative, oppure scrivere descrizioni testuali da convertire in immagini tramite modelli generativi. In questo senso, diventa una sorta di regista concettuale, utile tanto a illustratori quanto a designer o registi, per affinare visioni e costruire universi visivi coerenti e narrativamente forti.

La **sperimentazione linguistica** è un altro ambito dove ChatGPT eccelle. Chi si occupa di giochi di parole, enigmistica, linguaggi inventati (come nel caso del klingon o dell'elfico) o stili linguistici giocosi (nonsenso, letteratura sperimentale, poesia concreta) trova in ChatGPT un compagno instancabile. Può inventare nuove parole, coniugare neologismi in base a regole fittizie, creare codici linguistici coerenti, simulare lingue estinte o dialetti immaginari, o persino sviluppare alfabeti cifrati e grammatiche artificiali.

Anche l'umorismo rappresenta una dimensione fertile. ChatGPT è in grado di scrivere sketch comici, barzellette, satira, dialoghi surreali, testi parodici o situazioni paradossali con notevole elasticità. Basta modulare il tono e il contesto per ottenere un risultato più "slapstick", intellettuale, sarcastico o demenziale. Inoltre, può simulare la voce di personaggi noti, inventare battute ad hoc, suggerire giochi comici basati su doppi sensi, nonsense o sovrapposizioni culturali.

Nel campo dell'**arte performativa** e del teatro, il modello è in grado di generare **monologhi drammatici**, dialoghi teatrali, strutture di atti, suggerimenti registici, descrizioni di scenografia o coreografie narrative. Può supportare la scrittura collettiva di una pièce, la creazione di personaggi archetipici o ibridi, e anche il test di reazioni psicologiche attraverso l'interazione con il lettore o l'attore stesso. In laboratori teatrali, è utilizzato per stimolare improvvisazioni, ipotizzare sviluppi alternativi di scene esistenti, o generare improvvisamente un conflitto drammaturgico da risolvere in scena.

Un uso estremamente efficace è la **scrittura interattiva** per il pubblico: ChatGPT può creare storie a bivi, giochi testuali, trame interattive per app mobile o narrativa dinamica. Questo lo rende particolarmente utile per chi lavora nel settore dell'intrattenimento digitale, nella formazione tramite storytelling, o nella creazione di contenuti gamificati. Il modello riesce a strutturare narrazioni modulari dove ogni scelta del lettore influisce sull'evoluzione degli eventi, generando così un senso di partecipazione attiva e immersione.

In ambito scolastico e didattico, ChatGPT può proporre esercizi di scrittura creativa, suggerire temi originali, fornire feedback su elaborati o stimolare riflessioni attraverso provocazioni narrative o morali. Può aiutare insegnanti a strutturare laboratori, oppure affiancare studenti in attività creative, consentendo loro di esplorare forme espressive nuove senza paura del giudizio o del fallimento.

E non meno importante è l'uso per la **creazione di contenuti originali per il web**, come blog, newsletter, post per i social, descrizioni emozionali di prodotti, testi pubblicitari in stile narrativo o branded content. In tutti questi casi, ChatGPT non solo genera contenuti, ma li rende adattabili a diversi canali e target, con vari livelli di coinvolgimento emotivo e profondità.

Un ulteriore livello di applicazione creativa di ChatGPT riguarda la **fusione tra linguaggi artistici differenti**, come la combinazione tra testo e musica, narrazione e arte visiva, parola scritta e movimento. Ad esempio, un coreografo può utilizzare ChatGPT per scrivere descrizioni narrative di movimenti, emozioni o situazioni da tradurre poi in sequenze di danza contemporanea o teatrodanza. Un artista visivo può servirsene per costruire una narrazione attorno a una serie di quadri, definendo per ciascuno un contesto, un significato simbolico o una voce narrante che accompagna l'osservatore. Allo stesso modo, un musicista può chiedere a ChatGPT di scrivere una storia da musicare, o al contrario, fornire una melodia e chiedere che venga interpretata testualmente in diverse modalità.

In campo **educativo e terapeutico**, il modello trova applicazione nelle attività di scrittura autobiografica, narrazione terapeutica o gioco narrativo per bambini e adolescenti. Educatori e psicologi possono impiegarlo per generare racconti da leggere e commentare, proporre esercizi creativi personalizzati, oppure stimolare la scrittura di fiabe come strumento per esprimere vissuti interiori. La possibilità di ottenere rapidamente storie con contenuti specifici – ad esempio su emozioni, conflitti, amicizia, diversità – offre uno strumento pratico ed efficace per la mediazione narrativa. Inoltre, ChatGPT può adattare contenuti complessi in modo accessibile a bambini o a persone con bisogni educativi speciali, mantenendo al contempo un tono rispettoso e autentico.

Nel campo della **pubblicità creativa**, agenzie e copywriter sfruttano ChatGPT per generare centinaia di varianti di slogan, payoff, nomi di prodotto, testi per video promozionali o script pubblicitari. Può simulare campagne complete, immaginare pubblicità fittizie per prodotti ancora inesistenti, oppure proporre scenari ironici o provocatori adatti a campagne virali. In questa dimensione, il modello non si limita a generare testo, ma agisce come un vero e proprio **simulatore creativo**, capace di sviluppare moodboard narrativi, storytelling emozionale e dinamiche persuasive ispirate a framework di marketing comportamentale.

Per chi si dedica alla **scrittura interattiva e ludica**, esiste anche la possibilità di usare ChatGPT come motore per creare veri e propri **giochi testuali**, basati su scelte multiple, puzzle narrativi, misteri da risolvere, quiz creativi, labirinti testuali o simulazioni in tempo reale. L'utente può scrivere una richiesta come "creami un gioco di logica ambientato in un castello gotico con enigmi da risolvere", e ottenere un sistema completo con regole, personaggi, obiettivi e ambientazione, da testare o sviluppare con un gruppo. Gli scrittori di giochi possono affiancare a ChatGPT altri strumenti (come fogli di calcolo, visual novel engines, generatori audio) per creare esperienze immersive anche in contesti didattici o ricreativi.

Nel settore della **scrittura tecnica o specialistica con approccio creativo**, ChatGPT può aiutare a rendere contenuti complessi più accessibili, utilizzando metafore, storie esemplificative, analogie narrative o strutture originali per presentare teorie scientifiche, giuridiche, storiche o matematiche. Può trasformare un trattato accademico in una favola, un protocollo aziendale in una storia illustrata per la formazione interna, o un manuale tecnico in una narrazione semplificata per non esperti. In questo modo, l'elemento creativo non è fine a sé stesso, ma diventa veicolo di divulgazione, comprensione e coinvolgimento.

Molto interessante è anche la capacità del modello di **giocare con la forma**, imitando generi alternativi come lo pseudodocumentario, la satira accademica, la critica immaginaria, la recensione inventata di opere che non esistono, la prefazione a un libro mai scritto o la lettera inviata da un personaggio di fantasia. Si può, ad esempio, chiedere a ChatGPT di "scrivere una recensione critica di una mostra d'arte aliena del 4050" o di "comporre una guida turistica ironica per viaggiare nel mondo dei sogni", ottenendo così testi che sfumano i confini tra realtà e invenzione con leggerezza e intelligenza.

Un altro uso creativo potente è nella **scrittura a quattro mani o collettiva**: gruppi di autori possono usare ChatGPT come punto di partenza per la creazione condivisa di un'opera. Può fungere da moderatore, generatore di suggestioni, organizzatore di scalette o revisore stilistico. Può anche imitare gli stili dei partecipanti e mescolarli, fungendo da "mixer letterario" che armonizza le voci. Per chi organizza laboratori, workshop o team creativi, rappresenta un alleato in grado di stimolare ogni partecipante, supportare i più timidi e potenziare l'interazione.

In ambito **social**, molti creator usano ChatGPT per creare contenuti ironici, poetici o narrativi per piattaforme come TikTok, Instagram o YouTube. Si può chiedere di generare testi per sketch brevi, poesie da recitare con musica, dialoghi surreali da animare, storie visive da dividere in più post o frasi motivazionali con stile personalizzato. Il modello può persino aiutare a costruire personaggi fittizi per canali, definendone voce, lessico, modo di pensare, tic linguistici, e suggerendo contenuti coerenti con quella personalità immaginaria.

Infine, nel campo delle **simulazioni letterarie**, è possibile usare ChatGPT per portare avanti esercizi come: "scrivimi un diario di bordo di un esploratore marziano del futuro", "immagina la versione distopica della Divina Commedia", "descrivimi la giornata-tipo di un'ape regina in un alveare democratico". In queste simulazioni, l'intelligenza artificiale diventa generatore di mondi, di punti di vista alternativi, di esperimenti narrativi radicali, dove l'immaginazione non trova barriere e può continuamente espandersi.

Un altro ambito in cui l'uso creativo di ChatGPT si espande senza limiti è quello della **scrittura su richiesta ultra-personalizzata**, che coinvolge l'utente in un dialogo continuo con il modello per generare contenuti su misura, capaci di riflettere emozioni, esperienze o desideri molto specifici. Questo approccio è particolarmente utile per chi desidera realizzare lettere personali, dediche poetiche, testi per occasioni speciali come matrimoni, battesimi, compleanni, oppure per chi vuole scrivere storie basate su elementi autobiografici ma non sa da dove partire. ChatGPT riesce a trasformare pochi dettagli — come un nome, un ricordo, un sentimento — in una narrazione strutturata, coerente e spesso toccante, capace di riflettere l'intimità dell'intento originale.

All'interno della **scrittura per bambini**, il modello trova una delle sue espressioni più sorprendenti. Non solo può generare storie adatte a ogni età e livello di comprensione, ma può modulare il linguaggio in base a difficoltà specifiche, disturbi dell'apprendimento o necessità educative. Può costruire favole inclusive con protagonisti di ogni tipo, integrando messaggi educativi su temi delicati come il lutto, l'adozione, la diversità culturale o la gestione delle emozioni. Inoltre, è in grado di continuare le storie su richiesta, ampliarle, modificarle in tempo reale secondo le reazioni dei piccoli lettori, oppure generare finali alternativi a seconda delle scelte dei personaggi, simulando un'esperienza narrativa interattiva simile a un libro-game.

La **poesia**, come forma d'arte linguistica, trova in ChatGPT un alleato capace di adattarsi a ogni metrica, stile, autore di riferimento o epoca letteraria. Può comporre haiku, sonetti, poesie libere, versi rimati, acrostici, e può farlo in più lingue, con sensibilità tematica e raffinatezza linguistica. È anche capace di scrivere componimenti poetici da musicare, di costruire poesie corali basate su input multipli, di simulare lo stile di poeti noti o di fondere generi contrastanti. Un utente può anche usare il modello per destrutturare una poesia, ottenere interpretazioni simboliche, suggerimenti di titolo o metafore alternative, entrando in un vero e proprio laboratorio poetico virtuale.

Nel campo del **teatro e della sceneggiatura**, ChatGPT consente la generazione di script teatrali, sketch comici, copioni per cortometraggi o audio-drammi, gestendo dialoghi tra personaggi distinti, caratteri, registri linguistici, conflitti narrativi, e arco emotivo delle scene. Può scrivere monologhi interiori, battute da stand-up comedy, duetti drammatici, scene da musical o testi per puppet show. Un autore può richiedere un dialogo tra personaggi storici in una situazione surreale, oppure una scena realistica ambientata in un contesto preciso, con indicazioni registiche e movimenti scenici. Questa flessibilità lo rende uno strumento potente anche per chi insegna recitazione o scrittura scenica.

Un aspetto spesso sottovalutato è la **capacità di ChatGPT di generare contenuti creativi sinestetici**, cioè che uniscono più sensi. Ad esempio, può descrivere in prosa sensazioni tattili, profumi, sapori o suoni, e costruire interi ambienti narrativi a partire da questi stimoli. Una richiesta come "scrivi un racconto ispirato al profumo del pane caldo al mattino" può dare origine a testi evocativi, poetici, quasi sinestesici, capaci di stimolare l'immaginazione sensoriale. Questo lo rende utile anche in percorsi artistici legati alla scrittura olfattiva, all'arte multisensoriale, o alla narrazione immersiva nei musei.

Sempre più autori stanno anche esplorando l'uso di ChatGPT nella **costruzione di universi narrativi complessi**, come mondi fantasy, pianeti futuristici, città distopiche, culture alternative, società utopiche. Il modello può fornire nomi, genealogie, mappe verbali, miti fondanti, strutture sociali, religioni immaginarie, linguaggi alieni e intere cronologie storiche inventate. È in grado di tenere coerenza logica tra le parti, aggiornare l'universo in base agli eventi della trama e integrarsi come "enciclopedia vivente" per gli autori di saghe o cicli narrativi. Questo approccio è particolarmente utile per scrittori di fantasy, fantascienza, horror o romanzi storici.

Nella **creazione di canzoni**, ChatGPT può generare testi musicali per diversi generi — rap, pop, rock, folk, blues, jazz, trap, reggaeton, metal — rispettando ritmo, metrica, rime e struttura strofa/ritornello/bridge. Può anche riscrivere testi esistenti in uno stile diverso, tradurre una canzone mantenendo il significato poetico, creare un pezzo a partire da un tema o da una melodia fornita dall'utente. È anche capace di inventare canzoni per bambini, sigle per cartoni animati, filastrocche educative o inni motivazionali. In ambito scolastico, può essere utilizzato per coinvolgere gli studenti in progetti creativi di scrittura musicale.

Un utilizzo affascinante si trova infine nella **letteratura combinatoria**, in cui ChatGPT diventa parte attiva nella generazione di opere potenzialmente infinite, in stile Oulipo o narrativa ergodica. Si possono scrivere racconti che si ricombinano a ogni lettura, poesie modulari che cambiano ordine, testi che reagiscono agli input dell'utente in tempo reale. Questo approccio può sfociare in opere d'arte digitali, testi performativi, installazioni narrative, o progetti editoriali in cui la pagina scritta è solo una delle possibili espressioni.

Concludendo il punto dedicato a *ChatGPT nella creatività*, è possibile affermare che questo strumento rappresenta un **ponte dinamico tra intuizione umana e generatività artificiale**, capace di moltiplicare le possibilità espressive a disposizione di scrittori, artisti, musicisti, game designer, educatori e appassionati di narrazione. La sua forza risiede non solo nella velocità con cui produce contenuti, ma nella sua **abilità di dialogare creativamente con l'essere umano**, di recepire spunti anche minimi e di trasformarli in qualcosa di strutturato, coerente, talvolta sorprendente, aprendosi a processi iterativi di scrittura e riscrittura che assomigliano sempre più a un vero brainstorming condiviso.

Dal punto di vista della scrittura narrativa, ChatGPT si presta non come sostituto dell'autore, ma come **estensione della sua immaginazione**, un alleato nella costruzione di mondi, trame e personaggi, capace di offrire alternative, snodi drammatici, descrizioni e dialoghi sempre nuovi, adattabili in tempo reale a esigenze editoriali, stilistiche o emotive. Questo lo rende un valido supporto sia in fase ideativa che durante la revisione o l'ampliamento di testi già esistenti. Può facilitare l'accesso alla narrazione anche per chi ha poca esperienza, fungendo da guida, mentore o collaboratore virtuale.

Nel campo della poesia, la sua flessibilità metrica, la capacità di maneggiare simbolismo e immagini, e l'agilità nell'imitare stili poetici di epoche diverse fanno sì che ChatGPT possa diventare uno **strumento formativo e creativo insieme**, adatto sia alla didattica della poesia che alla scrittura personale. Anche nella canzone, l'abilità nel gestire struttura e rime lo rende un compagno creativo capace di dare forma a idee musicali, jingle, inni, sigle, brani narrativi e testi per performance.

Sul piano ludico e interattivo, la capacità di sostenere giochi di ruolo, storytelling collaborativo, storie a bivi o mondi narrativi in continua evoluzione apre a nuove forme di intrattenimento e narrazione partecipativa, dove l'utente non è solo lettore o spettatore, ma **co-autore** di un universo condiviso.

Nel contesto dell'arte e della sperimentazione letteraria, ChatGPT si pone come un **catalizzatore di forme ibride**, stimolando nuove modalità di produzione testuale: dalla letteratura interattiva all'arte generativa, dai progetti transmediali alle performance basate sull'intelligenza artificiale. L'integrazione con altri strumenti tecnologici — come sintetizzatori vocali, software di composizione musicale, ambienti di realtà aumentata o virtuale — espande ulteriormente le possibilità, facendo di ChatGPT una risorsa poliedrica, che attraversa confini disciplinari e amplifica l'accessibilità creativa.

In sintesi, ChatGPT si sta affermando come una **palestra per la creatività contemporanea**, accessibile, scalabile, trasversale, in grado di valorizzare tanto l'estro individuale quanto il gioco collettivo, e di adattarsi con intelligenza ai contesti più diversi, dalla scrivania del romanziere al laboratorio teatrale, dalla classe scolastica alla sperimentazione artistica digitale. Non sostituisce l'essere umano nell'atto creativo, ma lo potenzia, lo stimola, lo accompagna, rendendo ogni idea un punto di partenza per un viaggio narrativo che può continuare senza limiti, con nuove forme, nuove voci, e infinite possibilità espressive.

9. ChatGPT per la programmazione Aiuto con il codice, debugging, spiegazioni tecniche.

ChatGPT è diventato uno degli strumenti più utilizzati da programmatori, sviluppatori e studenti di informatica per la sua capacità di comprendere, generare e spiegare codice sorgente in una moltitudine di linguaggi di programmazione. A differenza dei tradizionali motori di ricerca o forum di discussione, che offrono frammenti di risposte legate a domande isolate, ChatGPT può essere interrogato in modo conversazionale, consentendo all'utente di perfezionare la propria richiesta, approfondire specifici concetti, modificare una parte del codice, oppure passare da un linguaggio all'altro con continuità e coerenza.

Una delle applicazioni principali è la **scrittura assistita di codice**, dove l'utente può chiedere a ChatGPT di scrivere funzioni, classi o interi script partendo da una descrizione naturale dell'obiettivo. Ad esempio, si può scrivere "crea una funzione in Python che prenda una lista di numeri e restituisca solo i numeri primi" e ottenere una funzione pronta all'uso, spesso commentata, con spiegazione riga per riga. È possibile poi chiedere modifiche incrementali come "ora rendila ricorsiva”, “aggiungi un parametro facoltativo per specificare un intervallo minimo”, “converti la funzione in JavaScript” e via dicendo.

Nel campo del **debugging**, ChatGPT si rivela molto utile per individuare errori logici o sintattici nel codice, soprattutto quando si fornisce il contesto completo: può analizzare porzioni di codice, spiegare messaggi di errore, suggerire correzioni o identificare comportamenti inattesi, anche in casi in cui l’utente non comprende esattamente cosa stia andando storto. In situazioni più complesse, come l’analisi di errori runtime o bug intermittenti, è in grado di suggerire approcci diagnostici, strumenti di testing o metodi per isolare il problema.

La **trasformazione del codice tra linguaggi diversi** è un'altra funzione potente. ChatGPT può convertire codice da PHP a Python, da C# a Java, da SQL a MongoDB, preservando l’intento e adattando la sintassi al paradigma del linguaggio di destinazione. Questo è particolarmente utile in ambienti multilinguaggio o per chi sta imparando a programmare e vuole capire le differenze tra linguaggi imperativi, funzionali o orientati agli oggetti.

Un altro ambito in cui eccelle è quello delle **spiegazioni tecniche**: è in grado di chiarire cosa fa un determinato algoritmo, spiegare concetti come ricorsione, complessità computazionale, gestione della memoria, strutture dati avanzate (heap, trie, alberi bilanciati, grafi), e persino argomenti teorici come programmazione dinamica, closure, multithreading, serializzazione, o paradigmi di programmazione. È utile anche come supporto per la comprensione di documentazione complessa, librerie esterne, o framework articolati come React, TensorFlow, Flask, Django, Spring Boot, Laravel, ecc.

Oltre all’assistenza diretta sul codice, uno degli aspetti più affascinanti di ChatGPT nell’ambito della programmazione è la sua capacità di **adattarsi a livelli diversi di esperienza**, agendo come tutor paziente per chi è alle prime armi e come collaboratore veloce per chi ha già familiarità con le logiche della programmazione. Per i principianti, può spiegare concetti fondamentali come le variabili, i tipi di dati, i cicli, le funzioni, le condizioni, gli array, aiutando l'utente a comprenderne la sintassi e il significato attraverso esempi chiari e personalizzabili. È anche in grado di creare esercizi su misura, quiz con risposte commentate, e simulare ambienti di apprendimento interattivi che facilitano la memorizzazione e la comprensione pratica dei concetti.

Per gli utenti più avanzati, invece, ChatGPT può essere impiegato come uno **strumento di progettazione architetturale**, capace di proporre strutture modulari per un'applicazione, progettare schemi relazionali per database, suggerire l'utilizzo di pattern di progettazione come il Singleton, il Factory Method o il Repository Pattern, e persino consigliare soluzioni di refactoring o ottimizzazione delle performance. L'interazione con ChatGPT diventa in questo senso quasi dialogica: è possibile discutere la scelta tra una struttura ad albero o a grafo, oppure chiedere se sia meglio usare WebSocket o HTTP polling per una determinata architettura client-server.

Un ambito sempre più importante è quello dell'**integrazione con API esterne e strumenti di terze parti**. ChatGPT può aiutare a costruire chiamate API REST o GraphQL, fornendo template per richieste GET, POST, PUT, DELETE, e spiegando come gestire headers, token di autenticazione, rate limits e risposte JSON. Inoltre, può suggerire librerie da utilizzare per semplificare queste interazioni, come Axios in JavaScript o Requests in Python, e può generare codice eseguibile già conforme ai principali standard di sicurezza, come la validazione dell'input, l'uso di HTTPS o la protezione da injection.

ChatGPT è anche estremamente utile quando si tratta di **automazione di processi**: è in grado di scrivere script per automatizzare compiti ripetitivi, come la manipolazione di file, l'elaborazione di dati, l'interazione con fogli di calcolo o database, oppure la generazione di report. In ambito DevOps, può assistere nella creazione di script Bash, Dockerfile, file YAML per pipeline CI/CD (come quelli di GitHub Actions o GitLab CI), aiutando anche nella scrittura e comprensione di comandi git, curl, grep, awk, sed, con spiegazioni precise e pratiche d'uso.

Un ulteriore campo di applicazione è quello della **programmazione orientata alla data science e all'analisi dei dati**. Qui ChatGPT può supportare l'utente nella scrittura di codice Python con librerie come NumPy, Pandas, Matplotlib, Seaborn e Scikit-learn, guidandolo nell'importazione dei dati, nella pulizia, nella manipolazione e nella visualizzazione, fino alla creazione di modelli predittivi. Sa anche aiutare a scrivere notebook Jupyter commentati e ben strutturati, ideali per presentazioni o per la documentazione interna.

Nel mondo dell'**intelligenza artificiale e del machine learning**, ChatGPT può proporre esempi pratici di reti neurali, regressioni, classificatori, clustering, gestione del training e del test set, tuning degli iperparametri, con codici compatibili con TensorFlow, PyTorch o Keras. Sa spiegare i concetti dietro agli algoritmi, come l'overfitting, il dropout, la funzione di perdita o la retropropagazione, e suggerire metriche adeguate in base al tipo di modello o di progetto in corso.

Anche il **testing del software** può essere facilitato: ChatGPT può scrivere casi di test automatici con framework come JUnit (Java), Pytest (Python), Mocha (JavaScript), NUnit (.NET) e può aiutare a implementare test di unità, di integrazione o end-to-end. Può spiegare i principi della programmazione orientata ai test (TDD), suggerire strategie di copertura del codice, o aiutare a interpretare i risultati di test falliti. Quando i test coinvolgono interfacce grafiche, ChatGPT può anche suggerire strumenti per test automatizzati su front-end, come Selenium o Cypress.

La versatilità di ChatGPT emerge anche nell'assistenza alla **documentazione del codice**: è in grado di generare docstring, README, manuali utente, esempi d'uso, diagrammi UML descrittivi (a livello testuale), e spiegare le convenzioni di naming, struttura delle directory e norme stilistiche nei vari linguaggi. Questa funzione è preziosa in ambienti collaborativi o per la preparazione di progetti open-source, dove una documentazione chiara fa la differenza.

ChatGPT, nella programmazione, offre un valore aggiunto anche in termini di **produttività personale e collaborazione nei team di sviluppo**. Per esempio, in contesti aziendali dove è importante velocizzare i processi di sviluppo mantenendo alta la qualità del codice, ChatGPT può affiancare ogni membro del team come un assistente che fornisce rapidamente snippet coerenti con le linee guida interne, propone naming appropriati per variabili e funzioni, o addirittura genera bozze di documentazione tecnica che rispettano lo stile di scrittura adottato nel progetto. Nelle fasi iniziali di un progetto, può essere utilizzato per stilare una prima bozza di specifiche tecniche sulla base dei requisiti, convertendo il linguaggio naturale del cliente in una struttura tecnica chiara, ordinata e riutilizzabile.

In progetti che adottano metodologie agili come Scrum o Kanban, ChatGPT può aiutare a scrivere e raffinare gli **user story**, creare criteri di accettazione, stimare task o suggerire strategie di scomposizione del lavoro. È anche in grado di simulare scenari d'uso o proporre test di accettazione per ogni funzione richiesta. Questo rende il lavoro del product owner o dello scrum master più fluido, perché è possibile iterare velocemente sulle definizioni funzionali e ottenere versioni alternative di specifiche o storie per differenti tipi di utenti finali.

Nel campo della **sicurezza informatica**, ChatGPT può essere utilizzato per spiegare vulnerabilità comuni come SQL injection,

XSS, CSRF, buffer overflow, privilege escalation, e può suggerire buone pratiche di programmazione sicura per prevenirle. È utile anche per l'analisi del codice in chiave difensiva: ad esempio può esaminare un blocco di codice sospetto, identificarne le potenziali vulnerabilità e proporre correzioni secondo gli standard OWASP. Per chi lavora nella cybersecurity, è anche in grado di generare script per testare ambienti in modo controllato, come scansioni di rete o simulazioni di exploit, sebbene con limitazioni di sicurezza incorporate che impediscono l'uso per scopi dannosi.

Un altro uso raffinato è la **generazione automatica di contenuti di supporto alla formazione** per corsi di programmazione o coding bootcamp. ChatGPT può produrre in pochi secondi decine di esercizi, quiz a scelta multipla, spiegazioni alternative di concetti difficili, esempi pratici, casi d'uso realistici, e suggerimenti per attività laboratoriali. Può anche adattare la difficoltà di ciascun esercizio al livello dell'utente, rendendo il materiale personalizzabile e scalabile. Questo è estremamente utile per formatori, docenti e tutor, che possono risparmiare tempo nella preparazione didattica e offrire esperienze più dinamiche ai propri studenti.

Nel contesto dello **sviluppo front-end**, ChatGPT è in grado di scrivere componenti HTML, CSS, JavaScript (e con framework come React, Vue o Angular), suggerendo anche approcci per l'accessibilità (WCAG), il responsive design, e l'ottimizzazione SEO on-page. È possibile descrivere verbalmente l'interfaccia desiderata — per esempio: "voglio un modulo di login con due campi, un link di recupero password, tutto centrato su schermo e con colori accessibili" — e ottenere immediatamente codice funzionante, personalizzabile, e spesso corredato da commenti esplicativi.

Anche nel backend, l'assistenza è significativa: può scrivere controller, middleware, servizi REST o GraphQL, modelli ORM, query complesse per database relazionali e non, gestire token

JWT, OAuth, meccanismi di caching, gestione degli errori e logging, oltre a suggerire l'uso di framework come Express (Node.js), Django (Python), Spring Boot (Java), o Laravel (PHP). È capace anche di simulare interazioni con database in assenza di un DB reale, tramite mock di dati o funzioni simulate, ideali per testare la logica di business senza dipendere da un'infrastruttura già attiva.

Nel campo del **versionamento del codice**, ChatGPT può aiutare a scrivere messaggi di commit chiari, rispettare convenzioni semantiche (come Conventional Commits), spiegare il significato di comandi git più avanzati — come git rebase, git cherry-pick, git bisect — o assistere nella risoluzione di conflitti di merge analizzando blocchi di codice contraddittori e suggerendo una fusione logica. Può anche simulare flussi di lavoro Git per ambienti di lavoro specifici, come Git Flow, GitHub Flow o trunk-based development, mostrando in che modo si articolano rami, tag, versioni e rilasci.

Nel testing e validazione di interfacce grafiche o applicazioni web, è in grado di aiutare nella scrittura di test automatici per strumenti come Cypress, Puppeteer o Playwright, guidando passo passo nella configurazione e nella definizione delle azioni utente da simulare. Questo si rivela utilissimo in progetti dove si punta al rilascio continuo e serve garantire l'integrità dell'interfaccia a ogni aggiornamento.

Altri ambiti dove ChatGPT si rivela utile includono: la **gestione delle dipendenze e delle build** (con strumenti come Webpack, Babel, Gradle, Maven), la **scrittura di configurazioni e ambienti virtuali** (come package.json, requirements.txt, pyproject.toml, ambienti con conda, venv, pipenv), la **scrittura di container e orchestrazione** con Docker e Kubernetes, e la **manutenzione della qualità del codice** tramite linters, formatter, strumenti di analisi statica come ESLint, Pylint, SonarQube.

ChatGPT ha un impatto notevole anche nella **gestione dei progetti software**. Chi ricopre ruoli di project management, come product manager o team lead, può usare ChatGPT per generare roadmap, suddividere funzionalità in milestone, redigere verbali di riunione, sintetizzare feedback raccolti dagli stakeholder e tradurli in backlog tecnici. Può suggerire metodologie adatte al contesto, come waterfall o agile, fornendo anche comparazioni, vantaggi e svantaggi, e suggerendo strumenti di collaborazione o tracciamento (come Jira, Trello, Notion o Asana) con linee guida su come impostarli in base al tipo di team.

Nella fase di **design delle architetture software**, ChatGPT può aiutare a descrivere a parole la struttura di un sistema complesso, suggerendo pattern architetturali (come MVC, MVVM, Microservizi, Event-Driven, Serverless) e consigliando quando e come adottarli. Può persino generare descrizioni testuali di diagrammi che poi possono essere trasformati in diagrammi UML, C4, o di sequenza con strumenti specifici (come PlantUML, Mermaid o Lucidchart). Inoltre, può confrontare opzioni tecnologiche in modo neutrale, spiegando per esempio le differenze tra monoliti e microservizi, oppure tra GraphQL e REST, aiutando così nelle decisioni architetturali.

ChatGPT è anche un ottimo **compagno per il refactoring**, ovvero la riscrittura migliorativa del codice esistente. Basta incollare un blocco di codice poco leggibile o disorganizzato e chiedere una versione più chiara, efficiente, modulare o aderente alle best practice. È in grado di rilevare "code smell" — cioè segnali che indicano potenziali problemi strutturali — e di suggerire approcci orientati al principio DRY (Don't Repeat Yourself), SOLID, KISS (Keep It Simple, Stupid) o YAGNI (You Aren't Gonna Need It).

Un uso sorprendente e sottovalutato è quello nella **localizzazione del software**: può tradurre interfacce, messaggi di errore, documentazione tecnica o tutorial in numerose lingue, mantenendo un linguaggio tecnico preciso ma adattato alle convenzioni culturali del target. In contesti dove si lavora su progetti multilingua o internazionali, questo può ridurre drasticamente il tempo necessario per adattare i contenuti, mantenendo una coerenza tra versioni e lingue differenti.

Anche la **scrittura di documentazione tecnica** può essere completamente trasformata grazie all'uso di ChatGPT. La documentazione è spesso un'attività trascurata dagli sviluppatori, ma con ChatGPT è possibile generarla automaticamente a partire dal codice stesso (docstring, README, changelog, guide d'uso), oppure fargli scrivere esempi d'uso, spiegazioni lineari per utenti non tecnici, o checklist di installazione e configurazione passo passo. Questo è particolarmente utile per progetti open source, dove una buona documentazione aumenta l'adozione e la collaborazione.

Sul fronte del **machine learning e dell'analisi dei dati**, ChatGPT può scrivere codice in Python (o in linguaggi alternativi come R o Julia) per caricare dataset, pulire dati, fare feature engineering, costruire modelli di classificazione, regressione, clustering, visualizzare dati con librerie come Matplotlib, Seaborn o Plotly, e spiegare i risultati dei modelli. Se utilizzato insieme a strumenti come Jupyter Notebook, può generare notebook completi per una pipeline di analisi o addestramento, e spiegare il significato statistico delle operazioni effettuate.

Per chi si avvicina al mondo DevOps o della **continuous integration e continuous delivery (CI/CD)**, ChatGPT è capace di spiegare in modo chiaro concetti come pipeline, ambienti di staging/produzione, test automatizzati, deployment su cloud, rollback, monitoraggio. Può scrivere file di configurazione per strumenti come GitHub Actions, GitLab CI/CD, Jenkins, Travis, Bitbucket Pipelines, e aiutare a comprendere i log di errore in caso di fallimenti nella pipeline.

Inoltre, può suggerire strategie di branching, naming convention, regole di protezione dei rami, e politiche di code review.

Anche nella **comunicazione tra sviluppatori**, ChatGPT è uno strumento utile: aiuta a formulare richieste chiare per la revisione del codice (pull request), scrivere commenti efficaci e costruttivi, o comporre messaggi assertivi e gentili in contesti difficili — come dispute su approcci tecnici, bug bloccanti, o ritardi nelle consegne. È in grado di simulare anche risposte a scenari critici, offrendo esempi di mediazione e confronto positivo tra membri del team.

Non da meno, ChatGPT ha un grande potenziale nell'ambito dell'**insegnamento della programmazione ai più giovani** o ai neofiti. Può spiegare concetti come variabili, cicli, condizionali o strutture dati in modo graduale, con analogie, esempi visivi, quiz interattivi o micro-storie che rendono l'apprendimento più coinvolgente. Se guidato correttamente, può anche simulare un vero e proprio percorso didattico personalizzato, che tiene conto dei progressi, delle difficoltà e delle preferenze dello studente, diventando una sorta di tutor sempre disponibile, paziente e adattivo.

Per concludere in modo dettagliato il punto su **ChatGPT per la programmazione**, è importante sintetizzare il suo ruolo non solo come strumento di supporto tecnico, ma anche come **facilitatore di apprendimento, acceleratore di sviluppo** e **mediatore tra conoscenza umana e automazione intelligente**.

ChatGPT non sostituisce il programmatore umano, ma ne **potenzia le capacità**, diventando un'estensione del pensiero, un assistente che lavora alla velocità dell'immaginazione e che colma le lacune temporanee di memoria, sintassi o conoscenza specifica. Quando un programmatore si blocca su un errore o ha bisogno di chiarimenti rapidi su un'API o un linguaggio poco familiare, ChatGPT interviene immediatamente, eliminando la necessità di lunghe ricerche frammentate in documentazione o forum. Questo permette uno **stato di flusso** più continuo e produttivo.

Uno degli aspetti più significativi è la **versatilità**. ChatGPT si adatta a chi è alle prime armi come a chi lavora su sistemi complessi, e lo fa modulando il livello di dettaglio, il tono e la profondità delle risposte. Può guidare uno studente nella comprensione del concetto di ricorsione con una metafora visiva, oppure discutere con un ingegnere senior sulle implicazioni architetturali di un sistema distribuito ad alta latenza. È un **tutore paziente**, che non giudica, non si stanca, e risponde anche mille volte alla stessa domanda se necessario.

Nel lavoro quotidiano, si dimostra essenziale per automatizzare processi ripetitivi, generare codice boilerplate, validare idee, confrontare approcci alternativi, e addirittura per ispirare nuove soluzioni. È utile anche **per testare ipotesi**: un programmatore può esporre un'idea e chiedere a ChatGPT di trovare eventuali criticità logiche o implementative. Questo dialogo iterativo può diventare una forma di "pair programming" virtuale che migliora la qualità del codice e riduce i rischi.

Nel debugging, ChatGPT eccelle nella lettura dei messaggi di errore, nel fornire diagnosi plausibili e nel suggerire correzioni mirate. Può essere addestrato a riconoscere i pattern ricorrenti nei bug più comuni e a spiegare non solo **come correggere** un errore, ma anche **perché si è verificato**, contribuendo così alla crescita professionale dello sviluppatore.

Un altro punto di forza è il supporto al **coding collaborativo**. In team, ChatGPT può essere utilizzato per uniformare stili di codice, suggerire naming coerente, generare documentazione condivisa e rendere accessibile il lavoro tecnico anche a membri non sviluppatori. Inoltre, migliora la comunicazione tecnica con stakeholder, product owner o clienti, trasformando concetti altamente tecnici in spiegazioni comprensibili e funzionali alla progettazione di prodotto.

Infine, il valore di ChatGPT nella programmazione è anche **strategico e creativo**. Può suggerire nuove librerie emergenti, trend tecnologici, framework alternativi, o persino fornire prototipi rapidi per testare nuove idee. Non è raro che una semplice richiesta — "scrivimi una funzione che simuli il comportamento di una rete neurale semplice" — si trasformi in un esperimento più ampio, capace di dare vita a un progetto innovativo, a una tesi universitaria o a un'applicazione concreta.

In sintesi, ChatGPT non è solo uno strumento per scrivere codice: è una **piattaforma cognitiva interattiva** che amplifica le capacità creative, logiche e progettuali degli sviluppatori. È come avere un'intera biblioteca tecnica conversazionale al proprio fianco, pronta ad adattarsi a ogni linguaggio, metodologia o livello di esperienza. Per chi lavora con il codice, rappresenta un nuovo paradigma di produttività, apprendimento continuo e collaborazione uomo-macchina, che apre le porte a una programmazione più efficiente, inclusiva e accessibile.

10. Etica e limiti nell'uso dell'AI Uso consapevole, bias, limiti legali ed etici.

Quando si parla di **etica e limiti nell'uso dell'intelligenza artificiale (AI)**, è fondamentale affrontare vari aspetti che vanno dall'impatto sociale e culturale, alla responsabilità legale e al rischio di bias. L'uso consapevole dell'AI, infatti, non riguarda solo gli sviluppatori e i ricercatori, ma ogni individuo che interagisce con queste tecnologie, sia come utente che come creatore. Ecco alcuni degli aspetti più cruciali da considerare:

1. **Uso consapevole e responsabilità individuale**: L'AI, e in particolare modelli linguistici come ChatGPT, sono strumenti potenti, ma devono essere utilizzati in modo responsabile. L'uso consapevole implica comprendere le capacità e i limiti dell'AI, evitare un affidamento eccessivo senza supervisione umana, e riconoscere che l'AI, pur essendo in grado di fornire risposte accurate, non possiede la comprensione vera e propria del mondo o delle implicazioni delle sue risposte. Inoltre, gli utenti dovrebbero essere consapevoli dei rischi di **misinformazione**, in quanto modelli come ChatGPT possono generare contenuti convincenti ma errati o fuorvianti.

2. **Bias nell'AI**: Uno dei principali problemi etici legati all'uso dell'intelligenza artificiale è la presenza di **bias** nei dati e nei modelli. I bias possono essere di natura razziale, di genere, culturale, sociale o politica, e si riflettono nei risultati che un sistema AI può generare. Ad esempio, se il modello di addestramento è stato alimentato da dati che contengono pregiudizi impliciti (come testi che rappresentano solo una visione parziale della realtà), l'AI potrebbe perpetuare o addirittura amplificare questi pregiudizi. I ricercatori e gli sviluppatori devono essere estremamente attenti a bilanciare e diversificare i dati per ridurre al minimo i bias, ma è anche importante che gli utenti siano consapevoli della possibilità che l'AI possa, senza volerlo, produrre contenuti parziali o discriminatori.

3. **Limiti legali**: L'uso di AI è anche regolato da normative legali che sono in continua evoluzione. Esistono già leggi che trattano il trattamento dei dati, come il **Regolamento Generale sulla Protezione dei Dati (GDPR)** nell'Unione Europea, che stabilisce delle regole per l'uso dei dati personali nell'addestramento dei modelli AI. Inoltre, ci sono questioni legali legate alla

proprietà intellettuale, come i diritti d'autore per i contenuti generati da AI. Chi utilizza o sviluppa modelli come ChatGPT deve essere a conoscenza delle normative che regolano il **diritto d'autore** e la **proprietà dei dati**. Le implicazioni legali di come i dati vengono raccolti, archiviati e utilizzati per allenare un modello AI devono essere trattate con la massima serietà.

4. **Implicazioni sociali e culturali**: L'AI ha il potenziale di influire profondamente sulla società e sulla cultura, sia in termini positivi che negativi. Da un lato, può migliorare l'accesso all'informazione e democratizzare il sapere, aiutare nell'educazione, e promuovere l'inclusione. Dall'altro, c'è il rischio di **discriminazione digitale**, dove alcune persone o gruppi sociali potrebbero trovarsi svantaggiati rispetto ad altri nell'accesso ai benefici dell'AI, o potrebbero essere esposti a contenuti dannosi o fuorvianti. Ad esempio, l'uso dell'AI nelle decisioni governative, nelle forze dell'ordine, o nei sistemi di credito potrebbe portare a discriminazioni ingiuste se non viene gestito con cautela.

5. **Trasparenza e responsabilità**: Un altro principio etico fondamentale riguarda la **trasparenza** dei modelli AI. Gli sviluppatori devono essere in grado di spiegare come e perché un modello prende determinate decisioni. Questo è particolarmente importante nei contesti in cui l'AI viene usata per scopi decisionali cruciali, come nella medicina, nell'occupazione, nei prestiti bancari o nelle indagini legali. I modelli devono essere progettati in modo che sia possibile spiegare le ragioni dietro ogni risultato, per garantire che le persone possano essere trattate in modo giusto e che ci sia una responsabilità chiara in caso di errori.

6. **Sostenibilità dell'AI**: L'impatto ambientale dell'AI è un altro tema etico che sta guadagnando attenzione. I

modelli di linguaggio di grandi dimensioni richiedono enormi quantità di **potenza computazionale** per essere addestrati, e questo processo consuma molta energia. Sebbene le tecnologie AI possano portare a vantaggi economici e sociali, è essenziale che vengano adottate pratiche sostenibili per ridurre l'impronta ecologica delle tecnologie emergenti. La ricerca è già in corso su come rendere l'AI più efficiente dal punto di vista energetico, riducendo le risorse necessarie per addestrare e mantenere i modelli.

7. **Abuso dell'AI**: Un altro aspetto etico da considerare è l'uso improprio dell'AI per scopi dannosi. La creazione di contenuti ingannevoli, come **deepfake**, notizie false (fake news), o l'automazione di attività dannose come **cyberattacchi**, è un rischio crescente. Le capacità avanzate di generazione automatica di testi, immagini o video possono essere sfruttate da attori malintenzionati per manipolare l'opinione pubblica, diffondere disinformazione, e causare danni in settori sensibili come la politica, il mercato finanziario e la salute.

8. **Autonomia dell'AI**: Man mano che l'AI diventa sempre più sofisticata, si pone la questione dell'**autonomia**: fino a che punto è etico permettere a un'AI di prendere decisioni autonome? In alcuni settori, come i veicoli autonomi o la sanità, l'uso di AI che prende decisioni senza intervento umano immediato può sollevare dilemmi morali, soprattutto in situazioni critiche. La **responsabilità** in caso di errore diventa un tema importante: chi è responsabile quando un'AI causa danni o violazioni della privacy?

9. **Educazione e consapevolezza**: L'educazione gioca un ruolo cruciale nell'uso etico dell'AI. È essenziale che le persone siano formate non solo nell'uso tecnico degli strumenti AI, ma anche nelle implicazioni etiche che

questi comportano. Le università, le scuole e le aziende devono educare i propri utenti e sviluppatori sui principi etici legati all'uso dell'AI, sulla privacy e sui diritti digitali. Sensibilizzare sulla **diversità dei dati**, sui **pericoli del bias** e sull'importanza della **trasparenza** è fondamentale per evitare che la tecnologia venga usata in modo irresponsabile.

In conclusione, il campo dell'AI è ricco di potenzialità, ma il suo uso deve essere accompagnato da un forte impegno etico, legale e sociale. L'AI ha il potenziale di cambiare la nostra vita quotidiana in meglio, ma solo se gestita con cautela, trasparenza e consapevolezza dei rischi e dei limiti che comporta. Gli sviluppatori, i legislatori e gli utenti devono lavorare insieme per garantire che l'intelligenza artificiale venga utilizzata per il bene comune, nel rispetto dei diritti umani e con una consapevolezza critica dei suoi potenziali impatti.

L'etica nell'uso dell'intelligenza artificiale (AI) è un campo in continua evoluzione, con molteplici implicazioni e sfaccettature che coinvolgono non solo gli sviluppatori e gli utenti finali, ma anche i legislatori, i ricercatori e le società nel loro complesso. La crescente adozione di modelli come ChatGPT solleva interrogativi fondamentali su come l'AI possa influenzare le decisioni quotidiane, le dinamiche sociali e le strutture economiche. Sebbene l'AI abbia il potenziale per migliorare notevolmente la vita umana in molti settori, il suo impatto deve essere monitorato e gestito con molta attenzione, soprattutto in relazione a **responsabilità, equità, trasparenza e sostenibilità**.

Una delle principali preoccupazioni riguarda i **bias** impliciti nei modelli di AI. Questi bias non si limitano a errori nei dati, ma riflettono anche i **pregiudizi sociali e culturali** che sono stati incorporati nelle fasi di addestramento dei modelli. L'AI, infatti, non è neutrale per natura. Ogni modello apprende dai dati su cui viene addestrato, e se i dati stessi contengono pregiudizi – ad esempio, in relazione a genere, razza, etnia o classe sociale – l'AI tenderà a riprodurre, e in alcuni casi anche ad amplificare, questi stessi pregiudizi. Ciò solleva una questione importante: come possiamo garantire che i sistemi AI siano progettati per promuovere l'equità e non contribuire alla perpetuazione di disuguaglianze esistenti? Per affrontare questa sfida, le tecnologie AI devono essere continuamente monitorate e **riqualificate**, e gli sviluppatori devono applicare metodi specifici per identificare e correggere i bias.

Il **bias nei dati** è solo una delle problematiche etiche legate all'AI. Un altro problema importante riguarda la **trasparenza** dei modelli. Molti dei modelli più avanzati, come quelli di ChatGPT, sono "scatole nere" – cioè, non è immediatamente chiaro come un modello arrivi a una determinata risposta. In contesti in cui l'AI viene utilizzata per prendere decisioni rilevanti, come nel sistema giudiziario, nella sanità o nel settore bancario, è fondamentale che le decisioni prese dall'AI siano spiegabili e comprensibili. Gli utenti e le parti coinvolte devono avere la possibilità di comprendere il processo decisionale dell'AI per poter fidarsi dei suoi risultati e, se necessario, contestarli. La **responsabilità** nell'uso di questi sistemi deve essere chiara: chi è responsabile quando un'AI commette un errore? È l'azienda che ha sviluppato il modello? È l'utente che ha interagito con il sistema? Oppure è l'ente che ha applicato l'AI in un contesto particolare?

Un altro aspetto cruciale riguarda l'**autonomia dell'AI**. Con il progresso delle tecnologie, i modelli AI stanno diventando sempre più capaci di prendere decisioni in modo autonomo, senza intervento umano. Questo solleva una serie di interrogativi etici: è giusto lasciare che l'AI prenda decisioni che potrebbero avere un impatto significativo sulla vita delle persone? In ambiti come la guida autonoma, il sistema sanitario o la giustizia penale, dove un errore potrebbe avere conseguenze fatali, l'idea di delegare l'autonomia decisionale a una macchina è preoccupante. La **responsabilità morale e legale** di tali decisioni deve essere attentamente valutata e, in molti casi, l'intervento umano rimane essenziale, specialmente nelle situazioni più critiche.

In parallelo alla questione dell'autonomia, un tema fondamentale riguarda la **privacy**. I modelli AI, per il loro funzionamento, richiedono enormi quantità di dati, alcuni dei quali potrebbero includere informazioni personali e sensibili. È quindi essenziale che i dati vengano raccolti, trattati e archiviati nel rispetto delle normative sulla privacy, come il GDPR nell'Unione Europea. Tuttavia, anche con regolamenti ben strutturati, l'AI continua a porre rischi in termini di **sorveglianza** e **profilazione invasiva**. La possibilità di raccogliere e analizzare enormi quantità di informazioni sulle persone – dalle loro abitudini quotidiane alle preferenze, alle interazioni sociali – può minare la libertà individuale e la privacy, creando una forma di sorveglianza costante che potrebbe essere utilizzata per scopi di controllo sociale.

La **regolamentazione** dell'AI è un altro punto che merita attenzione. Sebbene esistano leggi e linee guida in vari paesi, la velocità con cui l'AI si sviluppa rende difficile per le normative stare al passo. Alcuni paesi stanno cercando di affrontare questa sfida attraverso normative più rigorose, mentre altri sono più riluttanti, temendo che troppa regolamentazione possa soffocare l'innovazione. Ciò che è chiaro è che, senza una **governance globale** che unisca le diverse iniziative legali, i rischi legati all'uso dell'AI potrebbero crescere rapidamente. Le questioni legali riguardano non solo i diritti individuali, ma anche la responsabilità dei produttori di AI, le violazioni dei dati, e i diritti d'autore sui contenuti generati da AI. In futuro, è probabile che emergano **trattati internazionali** per stabilire linee guida etiche e legali globali per l'uso dell'AI.

Un'altra area che solleva preoccupazioni etiche riguarda l'**impiego** e il **mercato del lavoro**. L'automazione alimentata dall'AI sta sostituendo in alcuni casi attività umane, creando cambiamenti significativi nell'economia globale. Alcuni lavori, come quelli manuali o ripetitivi, stanno diventando sempre più automatizzati, mentre altri, più creativi o interpersonali, rimangono difficili da replicare. Tuttavia, la velocità con cui questi cambiamenti avvengono solleva interrogativi sul **futuro del lavoro**: come gestire il passaggio verso un'economia in cui l'intelligenza artificiale svolge un ruolo centrale? È necessario predisporre **forme di riqualificazione** e **supporto sociale** per coloro che potrebbero essere sostituiti o influenzati negativamente dall'automazione.

Il **rischio di abuso** dell'AI è un altro punto che deve essere considerato. La capacità di generare contenuti, manipolare dati e influenzare opinioni con l'ausilio dell'intelligenza artificiale può essere sfruttata in modo dannoso. I modelli di linguaggio come ChatGPT potrebbero essere utilizzati per creare **deepfakes**, produrre **notizie false**, o anche per generare messaggi manipolativi diretti a un pubblico vulnerabile. Le capacità della tecnologia devono essere regolamentate per prevenire il suo uso in **campagne di disinformazione** o in altre forme di manipolazione.

Infine, una questione centrale riguarda la **sostenibilità** dell'intelligenza artificiale. L'addestramento dei modelli AI richiede enormi risorse computazionali, che a loro volta consumano energia e contribuiscono all'impronta ecologica. Nonostante i benefici che l'AI può portare a livello economico e sociale, è essenziale che le sue implicazioni ambientali siano considerate con attenzione. Lo sviluppo di **algoritmi più efficienti**, che riducano il consumo energetico e migliorino la sostenibilità complessiva della tecnologia, è un passo importante verso un utilizzo responsabile dell'AI. L'AI dovrebbe essere vista non solo come uno strumento che può ottimizzare le attività umane, ma anche come una tecnologia che deve essere gestita con una consapevolezza ecologica.

In sintesi, l'etica nell'uso dell'intelligenza artificiale è una questione complessa che richiede una riflessione approfondita su come sviluppare, implementare e utilizzare questi strumenti in modo che possano essere utilizzati a beneficio di tutti, minimizzando i rischi e le disuguaglianze. Le sfide etiche dell'AI non sono solo tecniche, ma richiedono anche un impegno collettivo per garantire che le tecnologie emergenti siano compatibili con i valori di giustizia, equità, sostenibilità e responsabilità.

L'uso consapevole dell'intelligenza artificiale implica una continua consapevolezza delle sue implicazioni etiche, legali e sociali, poiché queste tecnologie non solo influenzano la vita quotidiana delle persone ma anche le strutture più ampie della società. Con il crescente utilizzo dei modelli linguistici come ChatGPT, la discussione sull'etica dell'AI sta diventando sempre più urgente. In questo contesto, è fondamentale esplorare diverse sfaccettature dell'etica nell'uso dell'AI, che si intrecciano con aspetti legati alla **responsabilità individuale e collettiva**, alla **correttezza** e alla **trasparenza**.

Un aspetto cruciale riguarda il **bias sistemico** nei modelli di intelligenza artificiale. Come accennato in precedenza, l'AI non è esente da pregiudizi intrinseci, che derivano dalla natura dei dati su cui vengono addestrati i modelli. Questi bias possono avere effetti discriminatori, in particolare nelle applicazioni che toccano ambiti sensibili come l'occupazione, la giustizia, la sanità e l'istruzione. Ad esempio, algoritmi di reclutamento automatizzato che utilizzano modelli AI possono escludere inconsapevolmente candidati da minoranze o gruppi marginalizzati a causa di pregiudizi nei dati di addestramento, portando a disuguaglianze nell'accesso al lavoro. In ambito giuridico, l'uso di algoritmi per predire il rischio di recidiva o determinare la sentenza di un imputato può riprodurre pregiudizi razziali, di classe o di genere, amplificando le disuguaglianze esistenti nel sistema legale.

Per affrontare questi problemi, le **strategie di mitigazione del bias** sono diventate un'area di ricerca fondamentale. Ad esempio, vengono sviluppati metodi per modificare i dati di addestramento al fine di ridurre il bias, ma anche per creare algoritmi che possano riconoscere e correggere i propri pregiudizi in tempo reale. L'obiettivo è costruire modelli di AI che siano il più possibile **equilibrati e inclusivi**, capaci di trattare tutte le persone con imparzialità e giustizia. Le iniziative di **auditing dell'AI** e le pratiche di **valutazione indipendente** dei modelli sono altre importanti linee di intervento per garantire che l'AI funzioni in modo giusto e non contribuisca a perpetuare discriminazioni o ingiustizie.

Parallelamente, c'è la questione della **trasparenza** nei sistemi di intelligenza artificiale. I modelli di AI avanzati sono spesso molto complessi e difficili da interpretare, anche per gli stessi sviluppatori. La mancanza di **spiegabilità** dei risultati generati da questi modelli può essere problematica, soprattutto in contesti in cui le decisioni dell'AI hanno un impatto significativo sulla vita delle persone. Immagina, per esempio, un sistema di AI che decide se un individuo debba essere ammesso in un ospedale, ricevuto un prestito bancario o arrestato. La mancanza di chiarezza su come queste decisioni vengano prese mina la fiducia pubblica e aumenta il rischio di errori sistemici. La creazione di modelli **interpretabili**, ovvero di sistemi che possano essere compresi e analizzati anche da non esperti, è quindi fondamentale per migliorare la fiducia e garantire che l'AI possa essere utilizzata in modo responsabile e consapevole.

Un altro elemento cruciale riguarda la **privacy** e la protezione dei dati. I modelli di intelligenza artificiale necessitano di grandi quantità di dati per essere addestrati, e questi dati spesso comprendono informazioni sensibili, come comportamenti personali, preferenze e dettagli privati. Come si può garantire che l'AI rispetti i diritti alla **privacy** degli individui? In molte giurisdizioni, come nell'Unione Europea, le leggi sulla protezione dei dati, come il **GDPR**, sono progettate per proteggere gli individui dai rischi di sorveglianza invasiva e abuso dei dati. Tuttavia, l'uso di tecnologie come l'AI, che possono raccogliere, elaborare e analizzare enormi volumi di dati, solleva interrogativi più ampi sulla **privacy digitale** e sulla **sorveglianza**. Le aziende e le organizzazioni che utilizzano l'AI devono implementare politiche di sicurezza e protezione dei dati rigorose per evitare violazioni della privacy e garantire che i dati siano trattati con il massimo rispetto.

In questo contesto, il **consenso informato** diventa un altro principio fondamentale. Gli utenti devono essere informati in modo chiaro e trasparente su come i loro dati vengono utilizzati e su quali finalità vengono raccolti, in modo da poter prendere decisioni consapevoli. Inoltre, è essenziale che i consumatori possano **controllare** e **modificare** le informazioni che li riguardano, garantendo loro la possibilità di esercitare il proprio diritto alla privacy in modo pratico e diretto.

La **sostenibilità ambientale** è un altro aspetto importante nell'etica dell'AI. L'addestramento di modelli di linguaggio come ChatGPT richiede una quantità significativa di risorse computazionali, che, a loro volta, comportano un notevole consumo energetico. Con l'aumento dell'utilizzo di queste tecnologie, cresce anche l'impronta ecologica della loro produzione e del loro impiego. La questione della sostenibilità è quindi centrale nella progettazione di AI responsabili e deve coinvolgere l'adozione di **soluzioni energeticamente efficienti** e l'impiego di **energie rinnovabili** per alimentare i centri di calcolo. La **riduzione dell'impatto ambientale** diventa essenziale per evitare che l'AI contribuisca ad aumentare il cambiamento climatico e altre crisi ecologiche.

Nel panorama etico dell'AI, un altro aspetto fondamentale è il tema del **potere** e del **controllo**. La concentrazione del potere nelle mani di poche grandi aziende tecnologiche, che dominano il campo dell'intelligenza artificiale, solleva preoccupazioni relative alla **disuguaglianza di accesso** a queste tecnologie e alla loro influenza sulle decisioni politiche ed economiche globali. Le implicazioni di un'AI centralizzata e controllata da pochi attori sono potenzialmente molto significative. Questo scenario potrebbe portare a una **monopolizzazione delle informazioni** e a un **controllo** sempre maggiore delle nostre vite quotidiane, con effetti devastanti sulla **democrazia** e sulla **libertà individuale**.

La creazione di **tecnologie democratizzanti** che distribuiscano equamente il potere dell'AI e promuovano l'accesso universale alle sue capacità è quindi una priorità. La governance globale dell'AI deve essere basata su principi di **inclusività** e **partecipazione** per evitare che pochi gruppi possano esercitare un'influenza sproporzionata sulle dinamiche economiche, politiche e sociali. Ciò include la creazione di **strutture di governance trasparenti**, come le **iniziative open-source**, che promuovono l'adozione e l'uso etico dell'AI da parte di tutti.

Infine, la **responsabilità** gioca un ruolo essenziale nell'etica dell'AI. Chi è responsabile se un modello AI commette un errore che causa danni, che si tratti di un errore tecnico o di una violazione dei diritti umani? Il **futuro della responsabilità legale nell'AI** richiede una legislazione in grado di affrontare le **nuove sfide giuridiche**, in particolare riguardo alla **responsabilità condivisa** tra i diversi attori coinvolti nel ciclo di vita dell'AI – sviluppatori, utenti, aziende e istituzioni. Come fare in modo che l'AI contribuisca al bene comune senza mettere a rischio i diritti e la sicurezza degli individui?

Queste domande si pongono come sfide etiche fondamentali per la società globale, che deve navigare con attenzione nel crescente impatto dell'intelligenza artificiale.

L'uso consapevole dell'AI, in particolare nel contesto delle tecnologie avanzate come ChatGPT, pone in evidenza diverse considerazioni etiche legate non solo al comportamento degli utenti, ma anche alle responsabilità degli sviluppatori e delle entità che gestiscono e distribuiscono questi sistemi. La coscienza della potenziale influenza che l'AI ha sulla vita delle persone non è solo una questione tecnica, ma un tema che solleva interrogativi morali e filosofici sulla natura stessa della **intelligenza** e del **potere tecnologico**. Questi interrogativi sono particolarmente rilevanti quando si considera la rapidità con cui queste tecnologie si sviluppano e l'impennata della loro adozione a livello globale, creando un scenario complesso in cui i confini tra etica e legislazione diventano sempre più sfumati.

A livello di **bias algoritmico**, il problema non si limita a un semplice errore tecnico o alla discriminazione non intenzionale, ma a una **progettazione sistematica** che può radicare pregiudizi che riflettono e perpetuano le disuguaglianze esistenti. Quando un modello di intelligenza artificiale viene addestrato con set di dati che non sono rappresentativi della varietà dell'esperienza umana, i risultati possono riprodurre o addirittura amplificare le disparità. Ad esempio, un algoritmo di riconoscimento facciale che non è stato addestrato con immagini sufficientemente diversificate potrebbe non funzionare correttamente con persone di etnie non rappresentate nel set di dati, portando a errori nelle sue applicazioni pratiche, che vanno dalla sicurezza alla sanità. La questione diventa quindi quella di come ottenere un **equilibrio** tra innovazione tecnologica e la necessità di promuovere un **benessere collettivo**, in cui il progresso tecnologico non finisca per avvantaggiare alcuni a discapito di altri.

Inoltre, il concetto di **trasparenza** nei modelli di AI non riguarda solo la comprensione del funzionamento degli algoritmi, ma anche la necessità di fornire **spiegazioni comprensibili** e **accessibili** agli utenti su come vengono utilizzati i loro dati e quali decisioni l'AI è in grado di prendere autonomamente. Una mancanza di trasparenza può erodere la fiducia degli utenti, soprattutto quando l'AI viene impiegata in settori delicati come la giustizia, l'occupazione o la salute. In questi casi, gli utenti potrebbero non essere consapevoli di come le decisioni vengono prese su di loro, il che crea un terreno fertile per la **disinformazione** e l'**abuso di potere**. La **spiegabilità dei modelli**, o il concetto di **AI interpretabile**, diventa allora un obiettivo fondamentale. Questo richiede che gli sviluppatori si impegnino a progettare algoritmi che possano non solo generare risultati, ma anche renderli comprensibili per gli esseri umani, soprattutto quando questi risultati influenzano la vita delle persone in modo significativo.

In parallelo, la **privacy** degli utenti è uno dei temi più discussi, specialmente in relazione all'enorme quantità di dati raccolti durante l'interazione con modelli di AI come ChatGPT. La gestione dei dati personali è cruciale per evitare abusi, che possono variare dalla vendita non autorizzata delle informazioni all'uso inadeguato per scopi pubblicitari o di profilazione. Il fatto che molte tecnologie moderne siano alimentate da **Big Data** solleva anche preoccupazioni legate alla sorveglianza di massa e alla **creazione di profili digitali** altamente dettagliati degli utenti, che potrebbero essere sfruttati in modo inappropriato da enti governativi, aziende private o altri attori. Le leggi sulla privacy, come il GDPR (Regolamento Generale sulla Protezione dei Dati), mirano a salvaguardare i diritti degli individui rispetto alla raccolta e all'elaborazione dei loro dati, ma il rapido avanzamento tecnologico spesso precede la legislazione, creando un **divario normativo** che richiede costanti aggiornamenti e adattamenti. La **protezione dei dati** deve quindi evolversi insieme all'intelligenza artificiale, assicurando che gli utenti abbiano il controllo sulle informazioni che condividono e che queste vengano utilizzate in modo etico.

La questione della **responsabilità legale** in relazione all'uso dell'intelligenza artificiale è altrettanto complessa. Chi è responsabile quando un algoritmo prende una decisione errata? La responsabilità è attribuibile all'**azienda che ha sviluppato l'AI**, all'**utente che la utilizza**, o al **sistema stesso**? In alcuni casi, i modelli di AI possono agire in modo autonomo, senza che ci sia una chiara traccia di responsabilità umana, il che complica ulteriormente il quadro legale. Se un modello di AI commette un errore che porta a danni materiali o psicologici a una persona, le vittime potrebbero non avere un facile accesso ai canali legali tradizionali per ottenere giustizia. Inoltre, le aziende tecnologiche, soprattutto quelle che operano in settori globalizzati, potrebbero non essere soggette a una legislazione uniforme, portando a una **frammentazione giuridica** e a una **scarsa regolamentazione** in alcune giurisdizioni.

Parallelamente, l'impatto ambientale delle tecnologie AI non deve essere sottovalutato. L'addestramento di modelli complessi come quelli di linguaggio richiede risorse computazionali significative, e il **consumo energetico** associato a questi processi è elevato. La crescente domanda di potenza di calcolo ha portato a un aumento delle **emissioni di carbonio**, soprattutto in un contesto globale in cui molte delle infrastrutture di calcolo non sono ancora alimentate da energie rinnovabili. Se la tecnologia AI diventa prevalente in tutti i settori, il suo **impatto ambientale** potrebbe diventare insostenibile. La **sostenibilità** è quindi una preoccupazione crescente per i ricercatori e le aziende tecnologiche, che stanno cercando di **ottimizzare** l'efficienza energetica dei modelli AI, ma anche di adottare politiche ambientali più rigorose. Le **iniziative green** e le **tecnologie low-carbon** sono diventate sempre più centrali, ma la questione rimane una sfida difficile, che richiede soluzioni a lungo termine e una maggiore collaborazione tra il settore tecnologico e quello ecologico.

L'**accesso equo** alle tecnologie AI è un altro elemento fondamentale dell'etica dell'AI. Mentre le grandi aziende tecnologiche hanno accesso alle risorse per sviluppare i migliori modelli di intelligenza artificiale, le piccole imprese, le organizzazioni non profit e persino i governi locali potrebbero essere esclusi da questo avanzamento tecnologico a causa di costi e barriere all'entrata. Il rischio è che la **disuguaglianza di accesso** possa crescere, con le aziende più potenti che monopolizzano le tecnologie avanzate, mentre altre realtà rimangono indietro. Un altro rischio è quello della **monopolizzazione dei dati**, dove le grandi entità raccoglierebbero informazioni in modo tale da impedirne l'accesso a tutti. La **democratizzazione dell'AI**, intesa come l'accesso universale alle tecnologie e la capacità di usarle in modo equo, è quindi un obiettivo cruciale. In questo contesto, iniziative di **open-source** e di **collaborazione intersettoriale** potrebbero favorire una distribuzione più equa delle risorse.

Infine, il concetto di **controllo** rispetto all'AI è legato al **potere** che si accumula nelle mani di chi gestisce queste tecnologie. Se un numero limitato di attori detiene il controllo sull'AI, ciò potrebbe portare a una concentrazione di potere che limita la **libertà individuale** e mina i principi di **democrazia**. La trasparenza, la **governance condivisa**, e la **responsabilità collettiva** diventano quindi elementi essenziali per garantire che l'AI venga sviluppata e implementata in un contesto che rispetti i diritti umani e promuova l'equità sociale.

Il concetto di **uso consapevole** dell'AI si estende ben oltre la comprensione di come i sistemi come ChatGPT siano progettati e operano. Si tratta di sviluppare un atteggiamento critico nei confronti della tecnologia, comprendendo non solo i vantaggi immediati che essa può offrire, ma anche i rischi e le sfide che ne derivano. Quando utilizziamo l'intelligenza artificiale, che si tratti di un assistente virtuale, di un generatore di contenuti, di uno strumento per l'analisi dei dati o per la scrittura automatizzata, dobbiamo essere pienamente consapevoli della portata delle decisioni che stiamo prendendo. Ogni volta che interagiamo con una piattaforma AI, contribuiamo a una **dinamica di potere**, una dinamica che si estende dal nostro comportamento come utenti a una **rete globale di algoritmi** che influenzano le informazioni che riceviamo, le decisioni che prendiamo e, a lungo termine, anche il nostro modo di pensare. La **responsabilità individuale** diventa quindi cruciale, ed è un aspetto che deve essere continuamente rafforzato attraverso l'educazione all'uso etico e consapevole delle tecnologie emergenti.

I **bias algoritmici**, uno degli aspetti più discussi dell'intelligenza artificiale, sono una delle principali preoccupazioni etiche nell'adozione e nell'implementazione di sistemi come ChatGPT. Questi bias non sono esclusivamente il risultato di errori tecnici, ma spesso riflettono e amplificano disuguaglianze già presenti nelle società umane. La **bias nel training data** è una delle cause più evidenti di questa distorsione: se il modello di intelligenza artificiale viene alimentato con set di dati che rappresentano solo una porzione della popolazione, o che sono dominati da opinioni o punti di vista di una determinata cultura, classe sociale o gruppo demografico, il modello tenderà a produrre risposte che riflettono queste stesse limitazioni. Un esempio comune di questo fenomeno si può osservare nei sistemi di **riconoscimento facciale**, dove algoritmi addestrati principalmente su volti di persone di razza bianca hanno prestazioni inferiori quando applicati a persone di altre etnie. Ma il bias non si limita ai dati visivi: si estende anche al linguaggio, agli stili di scrittura, alle preferenze culturali e a molte altre aree.

Il bias nell'AI è anche legato all'**interpretazione dei dati**. Ad esempio, se il modello è addestrato a leggere un determinato tipo di contenuto o a rispondere a domande in un contesto che privilegia una prospettiva, il modello tenderà a replicare quella **prospettiva privilegiata**, senza offrire una rappresentazione equa di tutte le opinioni o realtà possibili. Questo non è solo un problema tecnico, ma un problema sociale che impone la necessità di interventi specifici nella progettazione dei modelli. I **modelli inclusivi** dovrebbero garantire che i dati utilizzati per addestrare l'intelligenza artificiale siano quanto più diversificati e rappresentativi possibile, per evitare la riproduzione e l'accentuazione delle disuguaglianze esistenti. Tuttavia, il processo di correzione dei bias non è semplice né automatico.

Richiede un continuo monitoraggio e un impegno serio da parte delle aziende che sviluppano l'AI per garantire che vengano utilizzate pratiche e metodologie corrette, ed è necessaria una cooperazione trasparente con esperti di etica, sociologia, diritto e altre discipline.

Il problema del **bias algoritmico** solleva anche interrogativi sulle **imprese e sulle organizzazioni che sviluppano l'AI**. Chi è responsabile quando un algoritmo, involontariamente, causa danni? In assenza di una consapevolezza etica adeguata, l'adozione di tecnologie avanzate può facilmente sfociare in un'escalation di **sistemi opachi** che non solo riproducono, ma **amplificano** disuguaglianze sociali ed economiche. Le grandi compagnie di tecnologia potrebbero, quindi, trovarsi a fronteggiare pressioni per assumere una **responsabilità sociale** più forte, per promuovere politiche che contrastino attivamente il bias. In effetti, molte di queste aziende hanno dovuto affrontare interrogativi riguardo alla loro **responsabilità legale** quando i sistemi da loro sviluppati hanno avuto effetti negativi o discriminatori sui consumatori o sulla società.

Un altro tema etico fondamentale riguarda la **privacy**. Con l'espansione dell'uso dei dati nell'ambito delle tecnologie basate sull'intelligenza artificiale, le preoccupazioni relative alla **protezione dei dati personali** e alla **sorveglianza** sono cresciute in modo esponenziale. Gli utenti possono non essere completamente consapevoli di quanto delle loro informazioni personali vengano raccolte, come vengono utilizzate e per quanto tempo vengono conservate. In scenari in cui i modelli di AI vengono integrati con **servizi di sorveglianza** o in contesti legali, dove vengono usati per raccogliere informazioni su individui o gruppi senza un adeguato consenso o trasparenza, il rischio di violazioni della privacy aumenta. I **modelli predittivi**, come quelli usati per analizzare comportamenti o per fare previsioni sugli utenti, sollevano interrogativi legali ed etici sull'uso delle informazioni personali e sulle possibilità di

profilazione invasiva. Inoltre, la regolamentazione sulla privacy e la protezione dei dati, come il GDPR, pone sfide continue riguardo a come proteggere adeguatamente i dati degli utenti mentre si favorisce l'innovazione tecnologica.

La **sostenibilità ambientale** è un altro ambito che sta diventando sempre più rilevante quando si parla di AI. Il **consumo energetico** dei grandi modelli di intelligenza artificiale è elevato e, sebbene i progressi nell'efficienza dei processi di calcolo abbiano ridotto parzialmente l'impatto, la crescente domanda di potenza di calcolo porta a un aumento delle **emissioni di carbonio**. L'infrastruttura necessaria per alimentare, mantenere e aggiornare i server che ospitano questi modelli richiede una grande quantità di energia, spesso proveniente da fonti non rinnovabili. Alcuni ricercatori e attivisti stanno iniziando a chiedere che l'industria tecnologica si impegni a ridurre l'impatto ambientale dell'AI attraverso soluzioni più ecologiche, come l'adozione di **energie rinnovabili**, l'**ottimizzazione dei processi** e la **riduzione dell'intensità energetica** delle operazioni computazionali. Questo legame tra AI e sostenibilità ambientale è destinato a diventare un tema centrale nei dibattiti etici sull'intelligenza artificiale.

A livello di **governance globale**, la questione dell'AI solleva la necessità di una **normativa internazionale**. Con il continuo aumento della diffusione e dell'adozione dell'intelligenza artificiale, risulta fondamentale che i governi e le organizzazioni internazionali lavorino insieme per stabilire regole che possano garantire un utilizzo etico e sicuro dell'AI. Le leggi nazionali, infatti, spesso non sono sufficienti per fronteggiare le sfide globali che l'AI comporta. Inoltre, l'accesso diseguale alla tecnologia tra Paesi sviluppati e Paesi in via di sviluppo aumenta le **disuguaglianze globali**, favorendo coloro che hanno più risorse per accedere e sviluppare soluzioni AI avanzate. L'AI ha il potenziale di **ridefinire** le dinamiche di potere a livello globale, quindi la creazione di una **governance equa e**

condivisa diventa essenziale per evitare che alcuni Paesi, aziende o gruppi abbiano un potere sproporzionato.

In conclusione, le sfide etiche legate all'uso di ChatGPT e dell'AI in generale sono vastissime. Non si tratta solo di affrontare i problemi immediati legati al bias, alla privacy, alla sicurezza o all'impatto ambientale, ma anche di riflettere sulla natura dell'intelligenza stessa e sul modo in cui questa può essere utilizzata per arricchire la società senza compromettere i diritti fondamentali dell'individuo. La **responsabilità collettiva** che deriva dall'uso di queste tecnologie deve essere continuamente negoziata e **costruita** attraverso una **collaborazione trasparente** tra sviluppatori, ricercatori, legislatori e cittadini.

Concludendo il punto sull'etica e i limiti nell'uso dell'AI, è fondamentale sottolineare che la tecnologia, in quanto strumento potente, porta con sé sia opportunità che responsabilità. Da una parte, l'intelligenza artificiale come ChatGPT ha un enorme potenziale per migliorare la vita umana, supportando attività quotidiane, ottimizzando processi lavorativi e accrescendo l'accesso alla conoscenza. Dall'altra, le sue applicazioni devono essere accompagnate da un impegno etico costante, che garantisca un utilizzo che rispetti i diritti individuali, promuova l'inclusività e limiti i danni collaterali.

L'AI, infatti, non è neutrale: ogni modello è il riflesso di chi lo sviluppa, dei dati su cui è addestrato e delle decisioni etiche prese durante il suo sviluppo. I **bias** nei dati, se non corretti adeguatamente, possono compromettere la qualità delle risposte generate, perpetuando disuguaglianze esistenti e influenzando negativamente le decisioni degli utenti. Per affrontare questo problema, è essenziale che l'industria tecnologica adotti un approccio più trasparente e inclusivo nella progettazione di modelli, garantendo che gli strumenti di AI possano servire una vasta gamma di utenti senza discriminazioni.

In parallelo, la protezione della **privacy** è un tema cruciale. Le informazioni personali degli utenti devono essere trattate con il massimo rispetto, assicurando che l'uso dei dati avvenga in modo sicuro, trasparente e conforme alle normative internazionali, come il GDPR. La **sorveglianza** indiscriminata, alimentata da tecnologie AI avanzate, deve essere monitorata e regolata per evitare violazioni della libertà individuale. La consapevolezza dell'utente e l'informazione sono essenziali per proteggere la sua privacy e la sua libertà di scelta.

Il problema del **consumo energetico** associato alla gestione di enormi quantità di dati e calcoli necessari per far funzionare l'AI è un'altra preoccupazione crescente. L'intelligenza artificiale richiede una notevole potenza di calcolo, il che implica un significativo impatto ambientale. Gli sviluppatori e le aziende tecnologiche devono impegnarsi a ridurre la loro impronta ecologica attraverso pratiche più sostenibili, come l'adozione di energie rinnovabili e la ricerca di soluzioni tecniche che ottimizzino l'efficienza energetica.

Sul piano delle **normative internazionali**, è fondamentale che venga stabilito un quadro giuridico che regolamenti l'uso dell'AI a livello globale. Poiché le tecnologie AI non conoscono confini geografici, è necessario un accordo tra i governi per garantire che vengano adottate politiche comuni, equilibrando l'innovazione con la protezione dei diritti e della dignità umana. La creazione di standard internazionali per l'uso etico dell'AI può aiutare a prevenire il divario tra Paesi sviluppati e in via di sviluppo, assicurando che i benefici della tecnologia siano distribuiti in modo equo.

In definitiva, l'uso consapevole e responsabile dell'AI non è solo una questione di regole e tecnologie, ma richiede un impegno collettivo che coinvolga sviluppatori, legislatori, ricercatori e utenti. La creazione di un ambiente in cui l'intelligenza artificiale può prosperare in modo etico, trasparente e sostenibile richiede uno sforzo continuo per monitorare, migliorare e adattare le pratiche in risposta alle nuove sfide e opportunità che l'AI offre. Solo attraverso una gestione responsabile e consapevole di queste tecnologie, potremo assicurare che esse vengano utilizzate per arricchire la società, rispettando i diritti fondamentali e contribuendo a un futuro più equo e giusto per tutti.

11. Come verificare le informazioni Controllo delle fonti, differenze tra generazione e verità.

Il controllo delle informazioni è un aspetto fondamentale nell'uso di strumenti come ChatGPT, che generano contenuti basati su modelli linguistici addestrati su grandi quantità di dati provenienti da diverse fonti. La distinzione tra generazione automatica e verità è cruciale, poiché ChatGPT non ha accesso a database in tempo reale o informazioni aggiornate, ma si basa su conoscenze fisse al momento del suo addestramento.

Il primo passo per verificare le informazioni è comprendere la natura stessa della **generazione automatica**. ChatGPT, come altri modelli linguistici, è progettato per prevedere la parola successiva in una sequenza, sfruttando schemi e connessioni presenti nei dati su cui è stato addestrato. Sebbene ciò gli permetta di produrre risposte fluenti e coerenti, la generazione non implica una verifica in tempo reale dei fatti. Il modello potrebbe, quindi, restituire risposte che sembrano plausibili ma che non sono necessariamente accurate o aggiornate.

Controllo delle fonti

Uno degli aspetti chiave per il controllo delle informazioni è il **verificare le fonti** da cui provengono i dati. ChatGPT, infatti, non fornisce una "fonte" per le informazioni generate. Ciò significa che, per assicurarsi della veridicità di un dato, è fondamentale confrontare le informazioni con fonti affidabili e riconosciute. Le fonti possono essere suddivise in:

1. **Fonti primarie**: Documenti originali, articoli scientifici, dati ufficiali, libri e report governativi. Queste sono generalmente più affidabili poiché provengono direttamente dalla fonte originaria.
2. **Fonti secondarie**: Articoli di giornali, blog e analisi, che interpretano o sintetizzano le fonti primarie. Sebbene utili, queste fonti possono contenere errori interpretativi.
3. **Fonti terziarie**: Wikipedia, database enciclopedici, glossari online, che aggregano informazioni da fonti primarie e secondarie. Sebbene comode, devono essere trattate con cautela, poiché il rischio di imprecisioni è più alto.

Una buona pratica è quella di cercare più fonti indipendenti che corroborino la stessa informazione, prima di considerarla verificata. Un altro aspetto cruciale è l'**attualità** delle fonti: in molti casi, le informazioni potrebbero essere obsolete o non riflettere gli sviluppi più recenti, quindi è necessario accertarsi che le fonti siano aggiornate.

Differenze tra generazione e verità

Quando si utilizzano strumenti come ChatGPT, è importante ricordare che la generazione di contenuti non è sinonimo di verità. ChatGPT può essere molto convincente nel produrre risposte plausibili, ma la sua capacità di "generare" una risposta non garantisce che quella risposta sia corretta, accurata o fondata su fatti veri. La **verità**, infatti, dipende dalla corrispondenza tra ciò che viene affermato e ciò che è effettivamente documentato o verificato da fonti affidabili.

Le differenze tra generazione e verità possono essere illustrate in vari contesti:

- **Fatti concreti**: ChatGPT potrebbe generare una risposta che sembra corretta riguardo a un fatto storico o scientifico, ma senza accesso a dati in tempo reale o fonti ufficiali, non può confermare la veridicità del dato.

- **Opere di fantasia**: In alcuni casi, ChatGPT può essere utilizzato per creare storie, poesie o scenari di fantasia. Qui, la "verità" non è rilevante, ma la coerenza interna del racconto e la qualità della scrittura lo sono. Tuttavia, se una storia generata include elementi di realtà, è importante verificare che questi siano accurati.
- **Opinioni e interpretazioni**: Un altro rischio è la generazione di opinioni o interpretazioni che possono sembrare verosimili, ma che potrebbero essere basate su assunzioni o idee non verificate. Qui, il controllo delle fonti e il confronto con esperti o articoli autorevoli è essenziale.

Strumenti di verifica

Per il controllo delle informazioni, esistono diversi strumenti e risorse che possono aiutare a validare ciò che viene generato. Alcuni esempi sono:

- **Motori di ricerca**: Utilizzare Google o altri motori di ricerca per trovare conferme a quanto detto da ChatGPT. Spesso, una semplice ricerca può portare a fonti affidabili che smentiscono o confermano una risposta.
- **Fact-checking**: Piattaforme come Snopes, PolitiFact e FactCheck.org sono dedicati alla verifica dei fatti, in particolare per quanto riguarda notizie e affermazioni che circolano online.
- **Database accademici**: Google Scholar, JSTOR e PubMed sono ottimi strumenti per reperire articoli scientifici e ricerca peer-reviewed, che possono essere usati per verificare informazioni su argomenti specifici.

Cautela e responsabilità nell'uso di AI

Poiché i modelli di linguaggio come ChatGPT non possono sostituire una vera e propria verifica dei fatti, è cruciale che gli utenti sviluppino una mentalità critica nell'interagire con questi strumenti. L'**accuratezza** dei contenuti generati da AI dipende fortemente dalla qualità delle informazioni su cui sono stati addestrati i modelli, ma anche dal tipo di interazione che avviene tra l'utente e il sistema. È pertanto importante utilizzare ChatGPT come strumento complementare piuttosto che come fonte finale di verità.

Inoltre, l'uso di AI nel processo di ricerca e verifica deve essere sempre accompagnato da una buona pratica di documentazione e citazione delle fonti. Anche se ChatGPT può fornire risposte molto dettagliate, la responsabilità dell'utente di validare e risalire alle fonti rimane essenziale per garantire l'affidabilità delle informazioni.

Conclusioni

Il controllo delle informazioni quando si interagisce con AI come ChatGPT implica un approccio critico e consapevole, che riconosce i limiti del sistema nel fornire risposte verificate. Utilizzare un ampio spettro di fonti, applicare tecniche di fact-checking, e comprendere le differenze tra generazione automatica e verità è fondamentale per utilizzare correttamente la tecnologia e proteggere l'affidabilità delle informazioni. La combinazione di intelligenza artificiale e capacità umane di verificare e analizzare i dati può portare a risultati molto più robusti e precisi, contribuendo a un utilizzo più etico e sicuro degli strumenti tecnologici.

Il controllo delle informazioni è una componente cruciale quando si interagisce con strumenti basati sull'intelligenza artificiale, come ChatGPT, che generano contenuti sulla base di vasti set di dati preesistenti. In questo contesto, il concetto di "verità" è complesso e deve essere trattato con attenzione, soprattutto quando si utilizzano tali tecnologie per rispondere a domande che coinvolgono fatti concreti, eventi storici, o aspetti scientifici. Nonostante i progressi significativi nell'area dell'elaborazione del linguaggio naturale, la capacità di ChatGPT di garantire l'accuratezza delle informazioni è limitata dalle modalità con cui il modello è stato addestrato.

Un aspetto fondamentale riguarda la **natura del modello linguistico**: ChatGPT è progettato per generare testo in maniera fluida e coerente, ma non possiede una **comprensione intrinseca** del mondo come un essere umano. La sua "comprensione" è basata esclusivamente su schemi di linguaggio derivati dai dati di addestramento, il che significa che non ha una vera consapevolezza né può confermare la veridicità delle informazioni fornite. La differenza tra generazione e verità è quindi un tema centrale nell'utilizzo di questi strumenti, poiché il modello non distingue tra risposte plausibili e risposte verificate. In altre parole, può creare risposte che sembrano coerenti o logiche, ma che non sono necessariamente verificate o accurate.

Questo problema è legato anche al **concetto di autorevolezza delle fonti**. ChatGPT non è in grado di accedere a fonti in tempo reale o verificare se una certa informazione è stata modificata o aggiornata. Il suo allenamento si basa su un set di dati che, seppur vasto, è limitato nel tempo e nella varietà delle fonti. Per esempio, le informazioni più recenti potrebbero non essere rappresentate, o potrebbero esserci lacune nei dati, che portano il modello a produrre risposte incomplete o errate. Per questo motivo, è fondamentale che gli utenti si avvalgano di strumenti di **verifica delle fonti** esterni e indipendenti per confermare la veridicità delle risposte fornite.

Inoltre, la **qualità delle fonti** da cui provengono i dati è un altro aspetto centrale nel processo di verifica. Quando si consulta ChatGPT o qualsiasi altro modello AI, il rischio è che i dati provengano da **fonti non verificate** o da testi che non sono stati sottoposti a un processo di validazione rigoroso. Ad esempio, molte delle informazioni su Internet, specialmente nei blog o nelle piattaforme social, possono essere distorte o imprecise. Allo stesso modo, le fonti secondarie che fanno sintesi di articoli o libri potrebbero non riportare correttamente le informazioni originali. Questo rende il compito di verifica ancora più complesso, poiché si deve confrontare la risposta generata dal modello con fonti primarie, come articoli scientifici, documenti ufficiali o studi peer-reviewed.

Una strategia efficace per affrontare questa sfida è quella di confrontare le risposte di ChatGPT con **fonti primarie** verificate. Se, per esempio, si cerca una definizione di un concetto scientifico, si può fare riferimento a **manuali accademici**, **articoli pubblicati su riviste scientifiche** o **report governativi** che trattano l'argomento in modo approfondito. L'uso di **database accademici** come Google Scholar o JSTOR è fondamentale per accedere a fonti di alta qualità che possano confermare la veridicità delle risposte. Anche gli **articoli peer-reviewed**, che sono sottoposti a revisione da parte di esperti del settore, sono tra le fonti più affidabili.

Oltre alla qualità delle fonti, un altro elemento che influisce sulla veridicità delle risposte è l'**attualità** delle informazioni. ChatGPT non ha accesso a internet in tempo reale e non può aggiornarsi autonomamente. Le sue risposte si basano su dati statici, che sono validi solo fino alla data in cui è stato completato il suo addestramento. Questo significa che informazioni recenti o eventi correnti potrebbero non essere inclusi nelle risposte generate. Per contrastare questo problema, gli utenti dovrebbero essere consapevoli dei limiti temporali di ChatGPT e integrarlo con altre fonti che forniscano dati aggiornati, come notizie, articoli recenti o risorse online che si occupano di eventi correnti.

Un altro aspetto da considerare è la **verifica incrociata** delle informazioni. È fondamentale utilizzare più fonti per confermare la veridicità di una risposta. Se ChatGPT fornisce una certa informazione, è utile cercare altre fonti indipendenti che trattano lo stesso argomento e confrontare le risposte. Un approccio di **verifica incrociata** non solo aumenta la probabilità che l'informazione sia corretta, ma permette anche di ridurre il rischio di errori derivanti da fonti parziali o incomplete. Questo metodo è particolarmente utile quando si tratta di **affermare fatti storici** o **eseguire analisi scientifiche**, dove la precisione è cruciale.

Infine, c'è la questione dei **bias nei dati di addestramento**. Poiché i modelli linguistici come ChatGPT apprendono dai dati storici, questi ultimi possono contenere pregiudizi intrinseci legati alle società che li hanno prodotti. I bias possono essere culturali, sociali o geografici e possono riflettersi nelle risposte generate dal modello. Questo rappresenta un altro motivo per cui è necessario esercitare un controllo critico sulle risposte e sui contenuti prodotti dall'AI, in quanto il modello potrebbe, a sua volta, perpetuare narrazioni errate o discriminatorie. Gli utenti devono essere in grado di riconoscere tali bias e cercare fonti che offrano una visione più equilibrata o oggettiva sull'argomento trattato.

Per concludere, l'affidabilità delle informazioni fornite da ChatGPT non deve essere data per scontata. La generazione automatica di contenuti è uno strumento potente, ma deve essere utilizzato con **responsabilità** e con una corretta consapevolezza dei suoi limiti. La capacità di **verificare le informazioni**, facendo affidamento su fonti primarie, strumenti di fact-checking e un approccio critico, è essenziale per ottenere risposte accurate e basate su fatti verificabili. Solo così sarà possibile utilizzare al meglio l'AI senza incorrere in errori o disinformazione.

Il controllo delle informazioni è un processo essenziale nell'interazione con modelli di intelligenza artificiale come ChatGPT, e riguarda non solo la verifica dei fatti ma anche la comprensione dei limiti intrinseci del modello. Quando si interagisce con l'AI, è fondamentale sapere che le risposte generate si basano su un vasto corpus di dati, ma che non esiste un criterio di veridicità che il modello possa applicare autonomamente. Piuttosto, ciò che ChatGPT fa è sintetizzare e formulare risposte sulla base di correlazioni linguistiche presenti nel suo set di addestramento, senza alcuna capacità intrinseca di verificare se un'informazione sia vera o falsa. Questo tipo di generazione automatica di contenuti può quindi essere accurato in alcuni contesti, ma comporta anche rischi significativi di errori.

Una delle prime considerazioni è che ChatGPT non possiede alcun tipo di consapevolezza temporale. Non essendo connesso a internet, non ha accesso a eventi che siano accaduti dopo il suo ultimo aggiornamento. Questo implica che le informazioni più recenti, come quelle relative a scoperte scientifiche, sviluppi politici o aggiornamenti legislativi, potrebbero non essere disponibili nella sua base di conoscenza. Inoltre, non può seguire il flusso delle notizie in tempo reale. Di conseguenza, l'affidamento a ChatGPT per ottenere dati aggiornati potrebbe condurre a risposte obsolete o addirittura erronee.

Oltre alla questione dell'attualità delle informazioni, c'è anche la difficoltà intrinseca di tracciare la **provenienza** dei dati da cui ChatGPT trae le sue risposte. Poiché l'AI non è in grado di citare fonti o riferimenti specifici, può produrre contenuti che sembrano coerenti ma che non sono necessariamente accurati. Questo fenomeno è particolarmente preoccupante quando si utilizzano i risultati per argomenti sensibili, come la salute, la scienza, o la legge. In questi contesti, una semplice risposta generata automaticamente potrebbe risultare potenzialmente dannosa, se non supportata da prove documentate o da una corretta base di dati verificabili.

Una delle strategie per contrastare questi limiti è il **controcheck incrociato**. Questo approccio consiste nel confrontare le risposte ottenute da ChatGPT con altre fonti di informazioni che si basano su principi di validazione più robusti. La verifica incrociata può avvenire utilizzando motori di ricerca, articoli scientifici o database accademici, e consente di valutare se la risposta generata dal modello è corretta. Strumenti come **Google Scholar**, **PubMed** o anche **news outlets di reputazione consolidata** possono servire per ottenere informazioni più accurate o confermare i dati forniti dal modello.

Tuttavia, anche il confronto con altre fonti può avere delle limitazioni. Le informazioni disponibili online, per esempio, non sono tutte uguali in termini di qualità e affidabilità. Internet è costellato da fonti che non sempre rispondono a criteri di rigore scientifico o giornalistico, e può risultare difficile distinguere tra contenuti affidabili e quelli che provengono da fonti meno credibili. È qui che entra in gioco la necessità di **saper selezionare** le fonti da cui si attinge per la verifica delle informazioni. Le fonti primarie, come articoli peer-reviewed, studi ufficiali o report governativi, rappresentano il punto di riferimento più solido. In particolare, quando si trattano temi tecnici o scientifici, la consultazione di pubblicazioni specializzate è fondamentale per evitare di incorrere in errori di interpretazione.

La **responsabilità del lettore** nel verificare le informazioni è quindi fondamentale. Non bisogna mai dare per scontato che tutto ciò che un modello come ChatGPT genera sia corretto. È sempre opportuno procedere con un'analisi critica, chiedendosi se la risposta possa essere supportata da prove concrete, se il contenuto sia aggiornato e se provenga da fonti affidabili. Il rischio di trattare informazioni errate come verità è concreto, e ciò può avere conseguenze negative, soprattutto quando le risposte influenzano decisioni importanti in ambiti come la salute, l’educazione, o il business.

Un altro aspetto cruciale da considerare è che l'AI come ChatGPT può essere influenzata dai **bias nei dati di**

addestramento. Questi pregiudizi possono manifestarsi in vari modi: da un trattamento ineguale di diverse categorie di persone a risposte che riflettono stereotipi o generalizzazioni errate. L'AI, infatti, "impara" dai dati a sua disposizione, e se questi contengono pregiudizi, l'output del modello sarà inevitabilmente influenzato da essi. Un esempio comune è quando ChatGPT risponde in modo stereotipato a domande che riguardano gruppi etnici, sessuali o sociali. In questo caso, la responsabilità di riconoscere e contrastare questi bias ricade sugli utenti, che devono essere consapevoli di questi limiti e fare il possibile per ottenere informazioni da fonti diverse e più diversificate.

Il controllo delle informazioni diventa quindi anche un processo di **educazione critica** rispetto ai contenuti generati dall'AI. Gli utenti devono essere in grado di comprendere le implicazioni di ciò che ricevono, e non basarsi esclusivamente sulle risposte automatizzate. Questo implica un certo grado di alfabetizzazione digitale e scientifica, che aiuti a distinguere tra contenuti accurati e quelli che possono essere fuorvianti o addirittura dannosi.

Anche il concetto di **fatti verificabili** è oggetto di discussione. I fatti, infatti, non sono sempre oggettivi e immutabili. Alcuni possono essere soggetti a interpretazioni diverse a seconda delle evidenze disponibili e del contesto in cui vengono analizzati. In questi casi, la comprensione delle sfumature è cruciale. Il modello potrebbe restituire risposte che riflettono una certa interpretazione di un dato, ma non necessariamente quella che è universalmente accettata dalla comunità scientifica o dai professionisti del settore. È quindi fondamentale consultare più punti di vista e essere pronti a rivedere le proprie convinzioni quando si apprendono nuovi fatti o quando nuove evidenze emergono.

Infine, è importante comprendere che **l'intelligenza artificiale non è infallibile** e non può sostituire l'intelligenza umana nel compito di giudicare la veridicità delle informazioni. Sebbene i modelli linguistici siano strumenti straordinari, la loro capacità di discernere la verità è limitata dalla qualità dei dati su cui sono addestrati e dalla loro natura puramente statistica. Per ottenere risposte accurate, è essenziale combinare l'uso dell'AI con un processo umano di **verifica**, **riflessione** e **analisi critica**, utilizzando risorse esterne di alta qualità.

Il processo di verifica delle informazioni, in particolare nell'era digitale, è diventato sempre più importante. Con l'accesso immediato a una quantità quasi infinita di contenuti, la capacità di distinguere tra informazioni valide e non valide è essenziale, specialmente quando si utilizza un modello come ChatGPT. A differenza di una fonte tradizionale o di esperti umani, un'intelligenza artificiale come questa non ha il discernimento naturale per capire se ciò che dice è accurato o appropriato. Pertanto, è necessario che l'utente si assuma la responsabilità di verificare le informazioni in modo critico e accurato.

La **verifica delle fonti** è uno dei passaggi più cruciali. Quando ChatGPT fornisce una risposta, essa è il risultato di una sintesi di dati provenienti da un ampio spettro di fonti, ma non sono tracciabili o citabili direttamente. Non avendo una connessione diretta a internet e non avendo accesso a una banca dati sempre aggiornata, ChatGPT non può verificare la veridicità delle informazioni in tempo reale. Questo implica che le risposte potrebbero essere basate su dati obsoleti o anche imprecisi. Per esempio, se si parla di un argomento di attualità, come una riforma legislativa o un nuovo progresso tecnologico, un modello AI potrebbe non essere in grado di riportare informazioni aggiornate, dato che la sua conoscenza si ferma a un dato punto temporale, come la sua ultima data di aggiornamento.

Questo fa sì che, sebbene ChatGPT possa fornire un'infarinatura generale su un argomento, la **verifica incrociata** da parte dell'utente è fondamentale. L'utente dovrebbe considerare l'affidabilità delle fonti dalle quali provengono le informazioni. Le **fonti primarie** e **autorizzate** (come articoli peer-reviewed, rapporti di istituzioni governative, e manuali ufficiali) sono decisamente più attendibili rispetto a fonti non verificate o blog che non aderiscono a standard editoriali rigorosi. La **trasparenza della fonte** è un indicatore importante: se un articolo o una risposta non ha una chiara provenienza o non è supportato da citazioni o riferimenti, la sua veridicità dovrebbe essere messa in discussione.

Un altro aspetto fondamentale nella verifica delle informazioni è comprendere la **differenza tra generazione automatica e verità oggettiva**. La generazione automatica di contenuti, come avviene con i modelli linguistici, si basa sulla probabilità e sulle correlazioni linguistiche. Il modello predice la parola successiva in una sequenza basandosi su ciò che ha "imparato" dai dati di addestramento, ma non ha alcuna cognizione se quel contenuto è effettivamente veritiero o no. La **verità**, infatti, non è sempre qualcosa che può essere appresa tramite l'analisi statistica dei dati: per esempio, una risposta che è sintatticamente corretta o coerente con altre risposte potrebbe essere comunque inaccurata.

La questione del **bias** è un altro importante punto di attenzione. Quando si interagisce con un modello di intelligenza artificiale come ChatGPT, bisogna essere consapevoli che il modello può riflettere i bias presenti nei dati su cui è stato addestrato. I modelli linguistici sono alimentati da grandi quantità di testo, che proviene da una varietà di fonti, ma queste fonti non sono perfette. Possono contenere pregiudizi sociali, culturali, etnici o politici, che il modello, a sua volta, può riprodurre nelle sue risposte. Questo è un aspetto da tenere sempre presente durante l'utilizzo di un modello AI, soprattutto quando si trattano argomenti delicati come la salute, le questioni politiche, o la discriminazione sociale. Gli utenti devono essere in grado di riconoscere questi bias e confrontare le informazioni con fonti esterne per avere una visione più equilibrata e priva di pregiudizi.

Il **contesto** è un altro fattore chiave nella verifica delle informazioni. Poiché ChatGPT non ha alcun senso intrinseco del contesto al di là delle parole scritte, la sua risposta è generata in base alle informazioni più direttamente correlate al prompt dato, ma senza una comprensione profonda del contesto in cui viene applicata quella risposta. Questo significa che una risposta che può sembrare corretta o appropriata in un contesto può non esserlo affatto in un altro. Pertanto, è necessario che l'utente interpreti criticamente la risposta di ChatGPT, soprattutto in contesti complessi, dove le sfumature e le specificità locali o culturali giocano un ruolo importante.

Un altro aspetto che va tenuto in considerazione riguarda la **verifica della factualità** delle informazioni. Non tutte le risposte che ChatGPT fornisce sono dichiarazioni fattuali. A volte, la risposta potrebbe essere una sintesi di opinioni o una rappresentazione semplificata di un argomento complesso. In questi casi, l'utente deve fare uno sforzo in più per analizzare criticamente la risposta e decidere se quella rappresentazione è accurata. La generazione di contenuti da parte di modelli AI può sembrare imparziale o oggettiva, ma è sempre frutto di una sintesi di dati, e non necessariamente di un accurato processo di verifica. Se una risposta appare troppo generica o priva di dettagli verificabili, è saggio indagare ulteriormente.

Inoltre, sebbene l'AI possa essere straordinariamente utile nel raccogliere informazioni da fonti diverse, non è infallibile nel coniugare questi dati in un quadro coerente e preciso. La **rilevanza e la coerenza** tra le informazioni possono essere distorte, poiché ChatGPT non ha un senso del significato oltre alla linguistica. Ad esempio, se il modello recupera informazioni non corrette o che si sovrappongono in modo confuso, l'utente dovrà esercitare un'attenta analisi critica per distinguere tra ciò che è rilevante e ciò che non lo è.

La verifica delle informazioni non è, quindi, un processo statico o che dipende esclusivamente dal confronto tra ciò che dice l'AI e una fonte esterna. È un **processo dinamico** che coinvolge l'intelligenza umana, la capacità di eseguire controlli incrociati, e l'utilizzo di strumenti più avanzati per verificare la veridicità delle affermazioni. Gli utenti devono imparare a navigare il mondo delle informazioni digitali con un occhio attento, consapevoli che ogni dato generato da un modello di intelligenza artificiale deve essere trattato con cautela e sempre sottoposto a un controllo critico delle fonti.

Il ruolo della **formazione digitale** nell'educazione al controllo delle informazioni è cruciale. Per utilizzare al meglio le risorse offerte da modelli come ChatGPT, è essenziale che gli utenti abbiano una solida preparazione nel discernere tra informazioni corrette e scorrette. La crescente diffusione dell'AI nella vita quotidiana implica una maggiore responsabilità collettiva nel garantire che la verità e l'affidabilità siano sempre al centro dell'uso di queste tecnologie.

La verifica delle informazioni è un compito complesso che implica un ampio spettro di approcci e metodologie, particolarmente quando si utilizzano tecnologie come ChatGPT, che generano risposte basate su dati precedentemente appresi, senza però essere in grado di eseguire un controllo attivo sulla veridicità di ciò che producono. Questo porta a un paradosso interessante: mentre i modelli linguistici come ChatGPT possono restituire risposte linguisticamente coerenti e plausibili, non sono necessariamente accurate o supportate da prove solide. Pertanto, la necessità di verificare le informazioni è diventata una delle competenze cruciali per ogni utente che desideri trarre il massimo vantaggio da queste tecnologie.

Un approccio iniziale alla verifica delle informazioni è il **rilevamento delle fonti originali e la loro affidabilità**. La fiducia nelle informazioni si basa, in parte, sul riconoscimento delle fonti. Una fonte affidabile dovrebbe essere sempre

trasparente riguardo alla propria origine, al suo livello di autorità, e alle credenziali di chi ha prodotto i dati. Nel caso di ChatGPT, sebbene il modello produca informazioni in modo rapido e ampio, non c'è modo di verificare direttamente se ciò che viene detto corrisponde a un dato accertato o a una verità universale. Per esempio, se si fa una domanda sulla storia di un evento, il modello restituirà una risposta generica e ben strutturata, ma questa potrebbe non essere una verità storica precisa, dato che il modello non ha accesso a fonti documentate in tempo reale. Un utente consapevole dovrebbe quindi fare uno sforzo consapevole per cercare la **fonte primaria** (ad esempio, un libro di storia accreditato, articoli scientifici peer-reviewed, o fonti giornalistiche verificate) per validare l'informazione ricevuta.

Le **fonti multiple** sono un altro aspetto fondamentale della verifica. Un'informazione dovrebbe essere confrontata con almeno due o tre fonti indipendenti, idealmente diverse per tipo (ad esempio, fonti giornalistiche, accademiche e governative) per accertarsi che non ci siano errori sistematici o parzialità. ChatGPT, ad esempio, potrebbe produrre informazioni che rispecchiano delle tendenze culturali, geografiche o politiche presenti nei dati con cui è stato addestrato. La verificabilità incrociata tra fonti diverse aiuta a smascherare queste potenziali distorsioni. Quando ChatGPT restituisce risposte su argomenti che sono oggetto di dibattito, come questioni politiche o scientifiche controverse, è necessario non fermarsi alla prima risposta, ma piuttosto fare un ulteriore passo per confrontare le posizioni con quelle espresse da esperti del settore.

Il concetto di **verifica incrociata** si estende anche alla possibilità di fare una ricerca attiva durante l'interazione con ChatGPT. Anche se il modello non è in grado di eseguire ricerche in tempo reale, l'utente ha la possibilità di integrare il flusso della conversazione con ricerche autonome. Strumenti di ricerca avanzata come Google Scholar, PubMed per gli studi scientifici, o database di notizie verificate (come FactCheck.org o

Snopes) sono risorse che gli utenti possono utilizzare per verificare dati specifici, numeri, date o citazioni riportati da ChatGPT. Questo approccio aggiunge un livello di sicurezza e accuratezza, specialmente quando si tratta di temi delicati o complessi.

Inoltre, occorre sempre ricordare che la **verifica delle informazioni** riguarda anche il contesto di un dato. Un'informazione presa fuori contesto può risultare completamente distorta. Ad esempio, un dato statistico può sembrare impressionante a prima vista, ma se inserito nel giusto contesto storico, economico o sociale, la sua rilevanza potrebbe cambiare drasticamente. L'intelligenza artificiale come ChatGPT fornisce risposte che si adattano a domande specifiche, ma non è in grado di analizzare il contesto di un argomento come farebbe un essere umano esperto nel campo. La **contestualizzazione delle risposte** è quindi essenziale e richiede che l'utente esamini la fonte di informazione in un contesto più ampio e più sfaccettato.

Un altro strumento utile nella verifica delle informazioni è il concetto di **verifica delle affermazioni**. Alcuni siti web e piattaforme offrono servizi di fact-checking che consentono di esaminare se una determinata affermazione è supportata da prove affidabili. In ambito scientifico, l'accuratezza di un dato può essere verificata tramite l'**evidenza empirica**, che consiste in prove concrete e ripetibili. Quando ChatGPT fornisce una risposta basata su una ricerca scientifica, ad esempio, l'utente dovrebbe cercare studi pubblicati su riviste specializzate per vedere se l'affermazione è supportata da dati oggettivi e convalidati da esperti.

Non si deve dimenticare il rischio legato ai **bias di selezione**. La selezione di una particolare fonte di informazioni può influenzare notevolmente i risultati di ricerca. I modelli linguistici, tra cui ChatGPT, possono essere influenzati dai dati su cui sono stati addestrati. Questi dati, per quanto vasti, possono contenere bias che riflettono idee o credenze di una certa cultura o periodo storico. La **verifica critica** da parte dell'utente, che include l'esame delle fonti originali e l'analisi dei vari punti di vista, è un modo per limitare gli effetti negativi di questi bias.

La **trasparenza dell'algoritmo** è anche un fattore importante. Gli utenti dovrebbero essere a conoscenza di come ChatGPT genera le risposte. Poiché il modello è addestrato su enormi quantità di testi provenienti da internet, incluse fonti sia affidabili che non, la qualità delle risposte dipende strettamente dalla qualità dei dati che compongono quel corpus. La **responsabilità dell'utente** è quindi fondamentale nel garantire che, anche se un modello come ChatGPT può produrre risposte convincenti, queste risposte debbano sempre essere confrontate con fonti di informazione esterne. Solo con un'analisi critica, che unisce la capacità di riconoscere l'affidabilità delle fonti con un'esperienza pratica nella verifica delle informazioni, gli utenti possono ridurre i rischi di diffondere notizie false o incomplete.

Un ulteriore aspetto della **verifica delle informazioni** riguarda l'uso di strumenti **automatici** di fact-checking. Con l'avanzare delle tecnologie, esistono già diverse piattaforme che utilizzano algoritmi per identificare disinformazione o falsità nelle dichiarazioni pubbliche, nei social media e nei contenuti web. Tali strumenti possono essere utili per fornire un ulteriore strumento di verifica da abbinare all'intervento umano.

Il processo di **verifica delle informazioni** deve essere una routine costante per chiunque faccia uso di tecnologie come ChatGPT. Piuttosto che fidarsi ciecamente delle risposte fornite, l'utente dovrebbe sempre considerare il contesto, confrontare con altre fonti, e riconoscere i limiti delle informazioni prodotte dall'intelligenza artificiale. In definitiva, una verifica attenta delle informazioni non solo protegge dalla diffusione di errori, ma promuove anche un uso più consapevole e responsabile delle tecnologie avanzate.

Per concludere il punto sulla **verifica delle informazioni**, è fondamentale comprendere che la verifica non è mai un processo lineare o automatico, ma un'attività che richiede impegno continuo, attenzione e competenze critiche. Nell'era dell'informazione, dove la quantità di dati cresce esponenzialmente, la necessità di discernere le fonti affidabili da quelle inaffidabili è diventata cruciale, specialmente quando si utilizza un sistema come ChatGPT.

Il primo passo nella verifica delle informazioni è sempre la consapevolezza che la generazione automatica di contenuti da parte di un modello linguistico, come ChatGPT, non equivale a una verità assoluta. Sebbene il modello sia progettato per rispondere in modo logico e coerente, non possiede la capacità di discernere tra ciò che è vero e ciò che è falso in senso oggettivo, né ha la possibilità di aggiornarsi in tempo reale su eventi o scoperte recenti. Di conseguenza, gli utenti devono approcciarsi alle risposte con un sano scetticismo e un atteggiamento di verifica attiva.

Il concetto di **verifica delle fonti** è quindi il cardine di ogni buona pratica informativa. Quando si riceve una risposta da ChatGPT, l'utente dovrebbe sempre cercare di risalire alla fonte originale o almeno a fonti che possano confermare o contraddire ciò che è stato detto. Questo processo implica l'uso di fonti autorevoli, come articoli peer-reviewed, documenti ufficiali, testi accademici o report di istituzioni riconosciute, che sono molto più difficili da manipolare rispetto ad altri tipi di contenuti. Fonti che presentano dati concreti, metodi di ricerca trasparenti e verificabili offrono un livello di sicurezza maggiore rispetto a quelle che si basano solo su opinioni o su dichiarazioni non supportate da evidenze.

L'uso di **fonti multiple e diversificate** è un altro strumento utile nella verifica delle informazioni. Un'informazione che proviene da una sola fonte potrebbe essere parziale o soggettiva, mentre un'analisi che incrocia più punti di vista indipendenti aumenta la probabilità di arrivare a una conclusione più obiettiva. Questo approccio è particolarmente importante quando si affrontano argomenti complessi o controversi, dove diverse interpretazioni potrebbero coesistere. L'importante è confrontare più fonti di pari autorità, esaminando criticamente ogni aspetto dell'informazione.

A questo si aggiunge la necessità di **contestualizzare le informazioni**. Una risposta, seppur corretta in un certo contesto, potrebbe risultare fuorviante se applicata ad un altro. ChatGPT, ad esempio, non è in grado di comprendere pienamente il contesto storico, sociale o politico di una risposta, quindi è compito dell'utente analizzare attentamente l'informazione nel suo quadro completo. La capacità di inserire le risposte all'interno di un contesto più ampio è fondamentale per evitare fraintendimenti e distorsioni.

L'uso consapevole della **tecnologia di fact-checking** e delle piattaforme dedicate, che già esistono per monitorare e correggere le notizie false o non verificate, è un altro passo cruciale. Questi strumenti, che spesso si basano su algoritmi avanzati per rilevare disinformazione o manipolazioni, possono integrare il processo di verifica fornendo un ulteriore livello di sicurezza nelle informazioni. Tuttavia, è importante ricordare che questi strumenti non sono infallibili e devono essere utilizzati con una comprensione critica delle loro limitazioni.

Infine, la **responsabilità dell'utente** è una componente fondamentale della verifica delle informazioni. Gli utenti di modelli come ChatGPT devono sviluppare una mentalità critica, rifiutando l'accettazione passiva di qualsiasi risposta e prendendo attivamente parte al processo di verifica. Questo non solo aiuta a prevenire la diffusione di notizie false, ma incoraggia anche un uso più etico e responsabile delle tecnologie emergenti.

In sintesi, la verifica delle informazioni è un processo complesso che richiede tempo, impegno, e l'uso di strumenti adeguati. Sebbene modelli come ChatGPT possano essere incredibilmente utili e potenti, è sempre essenziale che l'utente rimanga consapevole dei limiti del sistema e compia uno sforzo attivo per convalidare le informazioni, garantendo che esse siano accurate, contestualizzate e provenienti da fonti affidabili. La verifica continua e il confronto tra più fonti saranno sempre fondamentali per navigare in modo sicuro nell'era dell'informazione.

12. Strumenti avanzati e integrazioni Plugin, API, connessione con altri strumenti (Excel, Notion, ecc.).

Il punto sugli **strumenti avanzati e le integrazioni** di ChatGPT riguarda la possibilità di estendere le funzionalità del modello attraverso plugin, API e connessioni con altri strumenti di produttività. In questo contesto, è importante esplorare come queste estensioni possano migliorare l'esperienza utente, facilitare l'automazione delle attività e potenziare le capacità del sistema, rendendolo ancora più versatile e adattabile a una varietà di esigenze.

Uno degli strumenti più potenti per ampliare l'utilizzo di ChatGPT è la sua capacità di integrarsi con **plugin esterni**. I plugin sono piccole estensioni o moduli software che si collegano a ChatGPT per offrire funzionalità specifiche che vanno oltre quelle di base del modello linguistico. Per esempio, ci sono plugin che permettono di connettere ChatGPT a software di produttività come **Notion** e **Excel**, consentendo all'utente di automatizzare attività come la creazione di documenti, l'analisi dei dati o la gestione di progetti. L'integrazione con **Notion** è particolarmente utile per chi desidera creare contenuti, schemi o database complessi, mentre quella con **Excel** offre vantaggi enormi nella gestione dei dati numerici o nell'automazione dei calcoli. Grazie ai plugin, ChatGPT può interagire direttamente con le celle di un foglio Excel, eseguire calcoli, analizzare dati o generare report automaticamente.

Un altro tipo di strumento avanzato che merita attenzione è l'**API** di ChatGPT, che consente di integrare il modello in applicazioni e flussi di lavoro esterni. Le **API (Application Programming Interface)** permettono agli sviluppatori di connettere ChatGPT a sistemi software personalizzati, creando un ponte tra il modello linguistico e altre piattaforme o applicazioni aziendali. Per esempio, un'azienda potrebbe utilizzare l'API per incorporare le capacità di ChatGPT nel proprio sistema di assistenza clienti, offrendo risposte automatizzate a domande frequenti, oppure in un sistema di gestione dei contenuti, dove ChatGPT può essere utilizzato per generare descrizioni di prodotti, risposte alle recensioni, o articoli.

L'integrazione tramite API non si limita solo alle piattaforme di produttività. Anche i **tool di analisi dei dati** possono beneficiare di una connessione con ChatGPT. Ad esempio, strumenti di Business Intelligence (BI) come **Power BI** o **Tableau** possono utilizzare ChatGPT per generare report automatizzati, analizzare tendenze o produrre spiegazioni testuali per i dati analizzati. Grazie a questa integrazione, l'utente non solo ottiene numeri e grafici, ma anche un'interpretazione testuale delle informazioni, che rende i dati più facilmente comprensibili.

Un altro esempio di integrazione avanzata è la possibilità di usare **ChatGPT come assistente per l'automazione di flussi di lavoro complessi**. Software come **Zapier** o **Integromat** permettono di collegare ChatGPT a una serie di applicazioni diverse senza la necessità di scrivere codice. Tramite questi strumenti, è possibile creare flussi di lavoro automatizzati che coinvolgono ChatGPT, come ad esempio l'analisi automatica di email, la creazione di contenuti personalizzati in base alle informazioni fornite dagli utenti, o la generazione di risposte su canali social.

L'integrazione con strumenti di **codifica e sviluppo software** è un altro aspetto che arricchisce il potenziale di ChatGPT. Per esempio, con **GitHub**, gli sviluppatori possono usare ChatGPT per generare snippet di codice, eseguire debug o ricevere suggerimenti per ottimizzare il loro lavoro. Può anche essere utilizzato per documentare il codice, fornire spiegazioni sulle funzioni e suggerire miglioramenti, rendendo la programmazione più accessibile anche a chi è alle prime armi.

Le **integrazioni in ambito educativo** sono un altro campo che può beneficiare di questi strumenti avanzati. In ambienti di apprendimento, strumenti come **Google Classroom** o piattaforme LMS (Learning Management Systems) possono sfruttare le capacità di ChatGPT per fornire assistenza automatizzata agli studenti, rispondere a domande frequenti, generare quiz, creare contenuti educativi e persino correggere compiti o esami in modo semi-automatizzato. Questo tipo di applicazione può ridurre il carico di lavoro degli insegnanti e migliorare l'efficienza dell'educazione.

L'aspetto fondamentale delle **integrazioni di ChatGPT** è che possono essere personalizzate per rispondere a specifiche necessità aziendali o personali. Per esempio, nel caso di un'azienda che utilizza un CRM (Customer Relationship Management), l'integrazione con ChatGPT può essere configurata per migliorare l'interazione con i clienti. ChatGPT potrebbe rispondere automaticamente a domande su prodotti, generare suggerimenti personalizzati o raccogliere feedback, il tutto in tempo reale, migliorando l'efficienza del servizio clienti.

A livello di **sicurezza e privacy**, quando si utilizzano strumenti avanzati come le API o i plugin, è fondamentale adottare misure per proteggere i dati sensibili. Le integrazioni devono essere realizzate in conformità con le normative sulla protezione dei dati, come il **GDPR** in Europa, per garantire che le informazioni personali non vengano divulgate o utilizzate in modo improprio. Gli sviluppatori e gli utenti finali devono essere sempre consapevoli delle implicazioni legali e delle best practices in termini di privacy.

In sintesi, gli **strumenti avanzati e le integrazioni** di ChatGPT offrono un'ampia gamma di possibilità per amplificare le capacità del modello linguistico e renderlo una risorsa ancora più potente e versatile, capace di adattarsi a contesti professionali e personali. Le API, i plugin e le connessioni con altri strumenti di produttività, analisi, sviluppo e gestione dei dati espandono notevolmente le funzionalità del sistema, consentendo di automatizzare attività complesse, generare contenuti su larga scala, e migliorare l'efficienza operativa in molti settori.

L'integrazione avanzata di ChatGPT con altri strumenti e sistemi è una delle aree più potenti che contribuiscono alla sua flessibilità e applicabilità in vari settori. Continuando con l'esplorazione degli **strumenti avanzati e delle integrazioni**, una delle chiavi per ottimizzare l'uso di ChatGPT è sfruttare l'interoperabilità tra il modello e una vasta gamma di software di uso quotidiano. I plugin rappresentano una delle modalità più immediate per estendere le funzionalità di ChatGPT. Questi plugin non solo consentono di collegare il modello a piattaforme come **Notion** ed **Excel**, ma permettono anche di integrare **ChatGPT** con sistemi aziendali complessi, come i **gestionali ERP** (Enterprise Resource Planning), dove il modello linguistico può essere utilizzato per automatizzare la gestione delle risorse, la creazione di report aziendali e l'analisi dei flussi di lavoro.

Quando si parla di **integrazioni con strumenti di produttività**, una delle combinazioni più potenti riguarda l'uso con **Google Workspace** (Gmail, Google Drive, Google Docs, ecc.) o **Microsoft Office**. ChatGPT, infatti, può essere integrato direttamente in questi ambienti per automatizzare attività come la stesura di email, la creazione di report automatici o la generazione di bozze di documenti e presentazioni. In ambienti di lavoro dove la produttività è essenziale, la capacità di ChatGPT di suggerire contenuti pertinenti o rispondere automaticamente a email e richieste, migliora la velocità e l'efficienza con cui vengono completate le attività quotidiane. Inoltre, per le aziende che utilizzano **Microsoft Teams** o **Slack**, ChatGPT può essere integrato per rispondere a domande frequenti, generare aggiornamenti sui progetti e automatizzare la creazione di contenuti per le chat aziendali.

Un altro vantaggio delle **integrazioni API** è la possibilità di automatizzare il flusso di lavoro attraverso piattaforme come **Zapier**, che consente di collegare ChatGPT a centinaia di applicazioni, come i software di gestione progetti **Trello** o **Asana**. Utilizzando queste integrazioni, è possibile, ad esempio, configurare ChatGPT per creare attività o aggiornamenti in modo automatizzato in base alle risposte fornite, generando riepiloghi o suggerimenti basati sulle informazioni inserite dai membri del team. L'integrazione con **Trello**, per esempio, potrebbe consentire di aggiungere schede o attività direttamente dalla conversazione con ChatGPT, semplificando notevolmente la gestione del progetto.

Una delle aree che sta crescendo significativamente riguarda le **integrazioni con gli strumenti di analisi dei dati**. Utilizzando ChatGPT insieme a piattaforme come **Power BI** o **Google Analytics**, è possibile utilizzare il modello linguistico per generare descrizioni dettagliate e interpretazioni dei dati, in modo che anche gli utenti senza una forte esperienza tecnica possano comprendere facilmente i report complessi. ChatGPT può aiutare a spiegare tendenze nei dati, suggerire azioni correttive e generare report automatici personalizzati. Ad esempio, un utente potrebbe inviare una richiesta del tipo "Genera un report sul trend delle vendite del mese scorso", e

ChatGPT, combinato con Power BI, sarebbe in grado di interpretare i dati, generare un report completo e presentarlo in un formato facilmente comprensibile.

Nell'ambito dell'**e-commerce**, le integrazioni avanzate possono svolgere un ruolo fondamentale nell'automazione della gestione dei contenuti e nell'interazione con i clienti. Per esempio, piattaforme come **Shopify** possono integrare ChatGPT per rispondere automaticamente alle domande dei clienti, generare descrizioni di prodotti, creare contenuti SEO ottimizzati e persino gestire le recensioni. ChatGPT, inoltre, può essere utilizzato per automatizzare la generazione di contenuti per le newsletter, analizzare i comportamenti dei clienti e personalizzare le offerte promozionali in base ai dati raccolti, migliorando l'esperienza d'acquisto online.

Un'altra area che sta rapidamente evolvendo riguarda le **integrazioni nel settore legale**. Piattaforme di gestione documentale come **Clio** o **DocuSign** possono beneficiare di ChatGPT per creare bozze di contratti, rispondere a domande legali comuni, redigere documenti o generare resoconti e sintetizzare lunghi contratti legali in modo che i professionisti del settore possano risparmiare tempo nella loro gestione quotidiana. Inoltre, l'integrazione con strumenti di **gestione delle risorse umane** (HR) come **BambooHR** o **Workday** consente di utilizzare ChatGPT per automatizzare la creazione di documenti per assunzioni, promozioni, risposte alle domande frequenti dei dipendenti e altre funzioni legate alla gestione del personale.

L'aspetto della **sicurezza e della privacy** è cruciale, specialmente quando si utilizzano API e plugin per integrare ChatGPT con altre applicazioni. I dati sensibili devono essere gestiti con attenzione per evitare rischi legati alla protezione dei dati personali. Strumenti avanzati devono conformarsi a regolamenti come il **GDPR** (General Data Protection Regulation) nell'Unione Europea, e altre normative locali, per garantire che le informazioni degli utenti siano trattate in modo sicuro e trasparente. Le aziende devono essere consapevoli dei rischi associati all'uso di intelligenza artificiale e stabilire misure di protezione adeguate. L'adozione di crittografia end-to-end, l'uso di strumenti di monitoraggio e l'adozione di policy di accesso rigorose sono tutte misure che possono aiutare a proteggere i dati.

Quando si utilizzano questi **strumenti avanzati**, la chiave del successo risiede nell'adattare ChatGPT alle esigenze specifiche dell'utente o dell'azienda. In tal modo, le integrazioni non solo semplificano e velocizzano i flussi di lavoro, ma li rendono anche molto più efficienti e personalizzati. Un'azienda che vuole migliorare la customer experience può, per esempio, integrare ChatGPT con il proprio sistema di ticketing, in modo che il modello linguistico possa rispondere automaticamente alle domande più comuni dei clienti, fornire risposte rapide e indirizzare i casi più complessi agli operatori. Oppure, un'agenzia di marketing potrebbe usare ChatGPT per generare contenuti SEO, analizzare la performance dei post sui social media o suggerire strategie di marketing personalizzate.

In sintesi, le **integrazioni avanzate** di ChatGPT offrono una gamma di opportunità per migliorare l'efficienza operativa, ridurre il carico di lavoro manuale e ottimizzare i flussi di lavoro. Grazie a plugin, API e connessioni con altre piattaforme, gli utenti possono sfruttare la potenza di ChatGPT per compiti complessi, automazione e personalizzazione su misura per le proprie esigenze. L'unico limite a queste integrazioni è la creatività degli utenti nel progettare sistemi intelligenti che sfruttino appieno il potenziale dell'intelligenza artificiale.

Le **integrazioni avanzate e gli strumenti di ChatGPT** non si limitano solo all'interazione con applicazioni note come Excel, Notion o Google Workspace. L'intelligenza artificiale di ChatGPT può essere integrata in sistemi più complessi e specializzati, ampliando notevolmente il ventaglio delle applicazioni. Un esempio di queste applicazioni è l'integrazione con sistemi di **Business Intelligence** (BI), come **Tableau** o **Power BI**. L'uso combinato di ChatGPT con questi strumenti consente di arricchire l'analisi dei dati con capacità di generazione di linguaggio naturale. Un analista, ad esempio, potrebbe usare ChatGPT per interpretare un grafico complesso o spiegare le tendenze evidenti in un grande set di dati, risparmiando tempo nel processo di creazione di report manuali.

L'integrazione di ChatGPT con **strumenti di customer support** come **Zendesk** o **Freshdesk** apre nuove frontiere per l'automazione e l'efficienza. ChatGPT può essere utilizzato per creare chatbot intelligenti che rispondano in tempo reale a domande e richieste dei clienti. Questi chatbot non solo rispondono a domande generiche, ma sono anche in grado di analizzare la situazione del cliente, fornendo risposte personalizzate in base al loro storico di acquisti o interazioni precedenti. Questo non solo migliora l'esperienza dell'utente finale, ma riduce anche il carico di lavoro degli agenti di supporto, permettendo loro di concentrarsi su problemi più complessi.

Un altro settore in cui ChatGPT sta guadagnando popolarità è il **settore sanitario**, grazie alle sue capacità di **integrazione con software di gestione delle informazioni sanitarie**. Gli ospedali e le cliniche che utilizzano sistemi come **Epic Systems** o **Cerner** possono utilizzare ChatGPT per automatizzare la gestione delle cartelle cliniche elettroniche (EMR), creando riepiloghi delle visite o generando diagnosi differenziali basate sui sintomi descritti dai pazienti. Inoltre, ChatGPT può essere integrato con **sistemi di telemedicina** per facilitare la comunicazione tra medici e pazienti, automatizzando la prenotazione degli appuntamenti, rispondendo a domande generali o fornendo promemoria sui farmaci e sulle prescrizioni.

Un aspetto cruciale delle **integrazioni avanzate** riguarda l'utilizzo di **ChatGPT in contesti di ricerca e sviluppo**. Gli scienziati e i ricercatori possono combinare ChatGPT con strumenti di simulazione scientifica o piattaforme di gestione della ricerca come **Zotero** o **Mendeley**. In questo contesto, ChatGPT può essere utilizzato per estrarre e sintetizzare informazioni da articoli accademici, generare ipotesi di ricerca, suggerire metodologie e perfino scrivere sezioni di articoli scientifici, risparmiando tempo e risorse nel processo di scrittura e analisi. Gli strumenti di integrazione avanzata permettono anche di fare delle query direttamente sui database scientifici, recuperando articoli specifici e creando una base di conoscenza strutturata con la quale interagire in modo rapido.

In ambito **educativo**, ChatGPT può essere integrato in **learning management systems** (LMS) come **Moodle** o **Canvas**, consentendo agli insegnanti di generare automaticamente quiz, compiti e risorse educative personalizzate per gli studenti. ChatGPT può anche fungere da tutor virtuale, rispondendo alle domande degli studenti, aiutandoli a risolvere esercizi complessi, spiegando concetti difficili in modo comprensibile e suggerendo risorse aggiuntive per l'apprendimento. Un altro esempio di utilizzo in ambito educativo è rappresentato da **ChatGPT** integrato con strumenti di simulazione come **PhET** per eseguire esperimenti virtuali. ChatGPT, grazie alla sua capacità di elaborare e spiegare concetti complessi, potrebbe fungere da guida interattiva durante le simulazioni, aiutando gli studenti a interpretare i risultati.

L'utilizzo di ChatGPT in ambito **finanziario** sta crescendo rapidamente, soprattutto grazie alla sua integrazione con strumenti di **analisi finanziaria** e piattaforme di **trading** come **MetaTrader** o **Bloomberg Terminal**. Gli algoritmi di ChatGPT possono essere utilizzati per analizzare tendenze di mercato, generare report automatizzati sulle performance degli asset, e anche suggerire strategie di investimento. Un trader potrebbe chiedere a ChatGPT di eseguire un'analisi tecnica di un dato titolo, o di generare una panoramica economica basata su dati macroeconomici attuali. Inoltre, l'integrazione di ChatGPT con software di **gestione patrimoniale** potrebbe consentire agli investitori di ricevere consigli personalizzati sui loro portafogli, in base ai dati raccolti da piattaforme di monitoraggio del mercato.

Per quanto riguarda le **tecnologie emergenti** e le **smart cities**, ChatGPT sta trovando applicazioni nell'integrazione con **sensori IoT** (Internet of Things). In scenari di città intelligenti, i dati provenienti da sensori (come quelli per la qualità dell'aria, il traffico, i rifiuti e i consumi energetici) possono essere raccolti e analizzati da ChatGPT per creare report automatizzati o per fare previsioni. Ad esempio, ChatGPT può analizzare i dati di traffico in tempo reale e suggerire percorsi alternativi per ridurre il congestionamento. Inoltre, grazie all'integrazione con le piattaforme di gestione urbana, ChatGPT può essere utilizzato per generare comunicazioni in tempo reale ai cittadini, come notifiche su modifiche ai servizi pubblici o avvisi di emergenza.

Un'altra applicazione interessante si trova nel mondo delle **arte e dell'intrattenimento. ChatGPT** è integrabile in strumenti come **Blender** o **Adobe Creative Cloud** per aiutare nella creazione di contenuti visivi e sonori. Ad esempio, utilizzando ChatGPT per suggerire idee per la trama di un film o per scrivere la sceneggiatura, i creatori possono ottenere spunti immediati e nuove prospettive creative. Nell'ambito musicale, ChatGPT può suggerire temi, melodie o testi per canzoni, creando una sorta di "partner creativo" per musicisti e compositori. Allo stesso modo, ChatGPT può essere integrato con software di **editing video** per migliorare la stesura di dialoghi, creare sceneggiature per cortometraggi o suggerire modifiche ai copioni.

In ambito **marketing**, l'integrazione con **sistemi di automazione del marketing** come **HubSpot** o **Mailchimp** consente di utilizzare ChatGPT per generare contenuti personalizzati e ottimizzati per il pubblico target. ChatGPT può automatizzare la creazione di email marketing, articoli per blog, post sui social media, e persino campagne pubblicitarie. L'integrazione con piattaforme di **analisi del comportamento degli utenti** come **Google Analytics** permette inoltre a ChatGPT di generare report basati sulle metriche e sui dati raccolti, suggerendo modifiche strategiche per ottimizzare le campagne pubblicitarie e migliorare il ritorno sugli investimenti (ROI).

In conclusione, **le integrazioni avanzate** di ChatGPT ampliano notevolmente il potenziale del modello, estendendo la sua applicabilità in una vasta gamma di settori, dall'automazione aziendale alla creatività, dalla gestione dei dati alla comunicazione interpersonale. L'integrazione con plugin, API e altri strumenti permette alle organizzazioni di sfruttare al massimo le capacità di ChatGPT per semplificare, velocizzare e migliorare i processi quotidiani, creando nuovi livelli di efficienza e innovazione.

L'adozione di **ChatGPT** in contesti avanzati, tramite l'integrazione con strumenti esterni, può avvenire in maniera profonda e versatile. La sua capacità di interagire con **API** e **plugin** esterni gli consente di essere utilizzato in applicazioni particolarmente specializzate. Una delle potenzialità più affascinanti è l'uso di **ChatGPT per l'automazione della produzione di contenuti** in ambito **editoriale** e **giornalistico**. Le redazioni che utilizzano piattaforme di gestione dei contenuti, come **WordPress** o **Drupal**, possono integrare ChatGPT per produrre articoli in modo semi-automatico. Il modello, alimentato da API, potrebbe raccogliere dati da fonti esterne, suggerire angolazioni editoriali e perfino redigere bozze iniziali di articoli in tempo reale, basandosi su keyword e argomenti specifici. L'automazione di queste operazioni consente agli editori di concentrarsi sulla qualità e sull'approfondimento del contenuto, risparmiando tempo sulla parte più ripetitiva e meno creativa del processo.

Un'altra possibilità di integrazione riguarda l'ambito del **monitoraggio della reputazione online**. Le aziende e le agenzie di marketing digitale possono utilizzare ChatGPT per analizzare automaticamente **dati social media** e **recensioni online**. Con l'uso di API di aggregazione dati come quelle di **Twitter**, **Facebook** o **Google Reviews**, ChatGPT può analizzare i sentimenti espressi online riguardo a un brand o a un prodotto, generando rapporti completi che evidenziano trend, preoccupazioni dei consumatori o aree da migliorare. Inoltre, può essere configurato per rispondere automaticamente a determinati tipi di recensioni o commenti, gestendo in modo intelligente l'interazione con il pubblico e migliorando la customer experience.

ChatGPT ha anche un potenziale significativo nell'ambito della **gestione dei progetti** grazie alle sue capacità di interazione con software come **Trello**, **Asana** o **Jira**. In un ambiente di lavoro dove la collaborazione è essenziale, l'uso di ChatGPT come "assistente di progetto" può facilitare l'assegnazione di compiti, la pianificazione delle scadenze e la gestione del flusso di lavoro. ChatGPT può analizzare le informazioni relative a un progetto e suggerire priorità, evidenziare criticità o problemi e persino generare report di avanzamento. Inoltre, può essere utilizzato per rispondere automaticamente a domande comuni del team, risparmiando tempo e risorse.

Nel **settore della logistica** e della **gestione delle supply chain**, l'integrazione di ChatGPT con software come **SAP**, **Oracle** o **Microsoft Dynamics** consente di migliorare l'efficienza operativa. Le aziende possono utilizzare il modello AI per ottimizzare la gestione degli stock, analizzare la domanda e l'offerta, e prevedere possibili problemi nei flussi di distribuzione. ChatGPT può automatizzare la generazione di report periodici, rispondere a richieste specifiche da parte dei team di logistica e suggerire strategie per migliorare la produttività e ridurre i costi.

Un altro ambito di applicazione emergente è l'integrazione di ChatGPT con **sistemi di monitoraggio ambientale**. In questo caso, il modello potrebbe essere utilizzato per raccogliere e analizzare dati provenienti da **sensori ambientali** dislocati in vari luoghi, come **dispositivi di monitoraggio della qualità dell'aria**, **sensori di temperatura** o **stazioni meteorologiche**. Attraverso l'integrazione con **platforms come IoT Hub o Google Cloud IoT**, ChatGPT può interpretare questi dati in tempo reale, rilevando eventuali anomali (ad esempio, inquinamento elevato o picchi di temperatura) e generando avvisi immediati, raccomandazioni o report per le autorità competenti.

Nel **settore bancario** e **finanziario**, le integrazioni avanzate permettono di combinare **ChatGPT** con **blockchain** e **sistemi di pagamento digitali**. Ad esempio, ChatGPT potrebbe essere utilizzato per automatizzare la generazione di report di audit delle transazioni blockchain, analizzare i flussi di denaro attraverso le criptovalute e rispondere alle richieste degli utenti riguardo a transazioni specifiche. Può anche essere utilizzato per suggerire soluzioni su come ottimizzare l'allocazione degli investimenti, analizzando dati provenienti da fonti di mercato e altre piattaforme di trading.

Nel settore della **sicurezza informatica**, un aspetto affascinante è l'uso di ChatGPT per aiutare a **rilevare vulnerabilità** o monitorare in tempo reale le minacce potenziali. L'integrazione con strumenti di **Network Monitoring** o **Sicurezza delle Applicazioni Web** come **Splunk** o **CrowdStrike** consente a ChatGPT di analizzare log di sistema, comportamenti sospetti e vulnerabilità emergenti. Inoltre, può suggerire soluzioni o miglioramenti alla sicurezza, rispondendo in modo personalizzato agli amministratori IT. Può anche interagire con i sistemi di sicurezza per raccogliere dati in tempo reale, analizzare attacchi recenti e proporre strategie preventive.

Le applicazioni nel campo **dell'educazione a distanza** sono altrettanto promettenti, con **ChatGPT integrato in piattaforme come Zoom, Google Meet e Microsoft Teams**. Oltre a servire come tutor interattivo, il modello può rispondere a domande degli studenti durante una lezione in tempo reale, suggerire risorse aggiuntive e anche generare quiz o attività interattive personalizzate basate sui contenuti della lezione. In combinazione con strumenti come **Kahoot!** o **Quizlet**, ChatGPT potrebbe creare esperienze di apprendimento coinvolgenti e interattive.

Nel **settore delle risorse umane**, l'uso delle **API di ChatGPT per la gestione delle candidature** e la selezione del personale sta emergendo come uno degli sviluppi più utili. Integrato con software di **HR management** come **Workday** o **ADP**, ChatGPT potrebbe automatizzare la valutazione delle candidature, fornire feedback sui CV, rispondere alle domande dei candidati e persino generare domande per i colloqui. Le sue capacità analitiche possono essere utilizzate per identificare modelli nelle performance lavorative, raccomandare piani di sviluppo per i dipendenti e automatizzare la gestione delle risorse.

In aggiunta, le **integrazioni con strumenti di analisi linguistica e semantica** come **spaCy**, **NLTK** o **Gensim** possono potenziare ulteriormente le capacità di ChatGPT nella comprensione e nell'elaborazione di grandi volumi di testi complessi. In ambito **legale**, ad esempio, l'integrazione con software di **gestione documentale** consente di analizzare contratti, regolamenti o testi normativi, semplificando la ricerca di clausole specifiche o creando riepiloghi di documenti lunghi. I professionisti legali possono utilizzare ChatGPT per estrarre e sintetizzare i punti salienti di un contratto, verificare la coerenza tra diversi documenti e perfino suggerire miglioramenti nei testi.

Le **API di traduzione avanzata** che ChatGPT può utilizzare, come **Google Translate** o **DeepL**, possono potenziare le sue capacità linguistiche, permettendo di tradurre documenti, articoli e conversazioni in tempo reale. Questo è particolarmente utile in contesti internazionali dove è necessario superare le barriere linguistiche, mantenendo una traduzione precisa e fluida senza compromettere la qualità del contenuto. Le **API di ChatGPT** possono combinarsi con queste tecnologie per automatizzare la generazione di contenuti multilingue per siti web, applicazioni e campagne di marketing globali.

Nel campo del **gaming**, le applicazioni di ChatGPT si estendono alla generazione automatica di **trame, dialoghi e missioni**. Integrato con motori di gioco come **Unity** o **Unreal Engine**, può generare script dinamici per giochi di ruolo, creare NPC che rispondono in modo coerente alle azioni dei giocatori o persino generare mondi di gioco procedurali, dove la storia e le interazioni sono influenzate dalle scelte del giocatore.

Le potenzialità di ChatGPT, quindi, vanno ben oltre la generazione di testo o la risposta a domande dirette. Le sue capacità di integrazione avanzata, alimentate da API e plugin, aprono scenari innovativi in numerosi settori, dando vita a soluzioni intelligenti e altamente personalizzabili per esigenze specifiche. Grazie alla sua flessibilità, può adattarsi a una vasta gamma di ambienti e applicazioni, portando un valore aggiunto notevole a chiunque cerchi di ottimizzare, innovare o automatizzare processi aziendali e creativi.

L'integrazione avanzata di **ChatGPT** con **software aziendali** e **strumenti di produttività** sta creando nuove frontiere nell'automazione dei flussi di lavoro, migliorando notevolmente l’efficienza e la collaborazione tra i team. Una delle applicazioni più promettenti riguarda la gestione delle **relazioni con i clienti** (CRM). Integrando ChatGPT con piattaforme come **Salesforce**, **HubSpot** o **Zoho CRM**, è possibile automatizzare numerosi processi che, fino a poco tempo fa, richiedevano l’intervento umano. Ad esempio, ChatGPT può analizzare le interazioni precedenti con i clienti e fornire risposte personalizzate in tempo reale. Può anche essere configurato per creare **follow-up automatici** basati su interazioni precedenti, suggerendo nuovi punti di contatto o azioni da intraprendere, come inviare offerte promozionali, aggiornamenti di prodotto o richieste di feedback.

In questo ambito, una delle capacità più utili di ChatGPT è la **classificazione automatica delle richieste dei clienti**. Può analizzare le email o i messaggi in chat, etichettandoli e indirizzandoli al team giusto in base alla tipologia di richiesta, riducendo i tempi di risposta e aumentando la soddisfazione del cliente. Inoltre, ChatGPT può monitorare le conversazioni e suggerire come migliorare le risposte, aumentando la coerenza e la professionalità del servizio clienti. Combinato con **sistemi di machine learning**, ChatGPT può apprendere dai feedback dei clienti, ottimizzando continuamente le risposte e le strategie di interazione.

Nel settore del **marketing digitale**, l'integrazione con **tool di email marketing** come **MailChimp** o **SendGrid** consente di **automatizzare la creazione e invio di campagne** personalizzate, basate sugli interessi e le interazioni precedenti dei destinatari. ChatGPT può generare contenuti altamente mirati per le campagne pubblicitarie, analizzando i dati sui comportamenti dei consumatori e suggerendo titoli, copy, o call-to-action ottimizzati per ottenere il massimo coinvolgimento. Inoltre, può integrarsi con **social media analytics** per analizzare il sentiment e il ritorno sugli investimenti (ROI) delle campagne, adattando in tempo reale le strategie in base ai risultati.

Nel **settore dell’healthcare**, ChatGPT può essere utilizzato per **automatizzare la gestione delle cartelle cliniche** e **analizzare i dati sanitari**. Integrandosi con software di gestione delle informazioni sanitarie (EMR/EHR) come **Epic** o

Cerner, ChatGPT potrebbe aiutare i medici a ottenere rapidamente informazioni pertinenti da enormi quantità di dati clinici. Può essere configurato per fare una **prima diagnosi** sulla base dei sintomi, suggerendo trattamenti o farmaci, e assistere il personale sanitario nella gestione delle prescrizioni. Inoltre, nel contesto di **telemedicina**, può automatizzare le risposte alle domande comuni dei pazienti, come quelle relative a dosaggi o effetti collaterali, riducendo il carico di lavoro per il personale medico e migliorando l'efficienza del sistema sanitario.

Un'altra applicazione avanzata di ChatGPT si trova nel **settore legale**, dove viene utilizzato per **analizzare e interpretare documenti legali complessi**. Integrato con software di gestione legale come **Clio** o **LexisNexis**, ChatGPT può automatizzare la redazione di contratti, la verifica delle clausole e la creazione di documenti standardizzati, come lettere di sollecito o accordi di riservatezza. Può anche essere utilizzato per generare **riassunti di testi normativi** o legali, risparmiando tempo ai professionisti del settore. La capacità di ChatGPT di comprendere e sintetizzare testi complessi è particolarmente utile per affrontare le questioni legali legate a **proprietà intellettuale**, **contenziosi**, o **compliance normativa**.

Nell'ambito dell'**e-commerce**, le integrazioni con **piattaforme di gestione delle vendite** come **Shopify**, **WooCommerce** e **Magento** consentono a ChatGPT di personalizzare l'esperienza d'acquisto. Può analizzare i comportamenti d'acquisto dei clienti, suggerire prodotti simili o correlati, e rispondere alle domande frequenti sui prodotti, riducendo la necessità di interventi manuali da parte del personale. Inoltre, può essere utilizzato per creare **descrizioni di prodotto** in maniera automatica, utilizzando informazioni preesistenti come immagini, recensioni, e caratteristiche tecniche, per ottimizzare la visibilità sui motori di ricerca e migliorare il SEO.

Nel settore delle **risorse umane**, l'integrazione di ChatGPT con **software di gestione del personale** come **BambooHR, Workday** o **ADP** può rivoluzionare il modo in cui le aziende gestiscono la **formazione e lo sviluppo del personale**. ChatGPT può automatizzare la creazione di **programmi di formazione personalizzati**, suggerendo corsi e contenuti formativi basati sulle performance individuali dei dipendenti o sulle esigenze aziendali. Può anche monitorare il progresso degli impiegati nel completamento dei corsi e fornire **feedback istantaneo**. Un altro possibile utilizzo è quello di agire come **assistente virtuale** per i dipendenti, rispondendo a domande frequenti sui benefici aziendali, le politiche interne e le opportunità di crescita, migliorando la comunicazione interna e risparmiando tempo alle risorse umane.

Nel contesto della **ricerca scientifica**, l'integrazione di ChatGPT con database accademici e piattaforme di ricerca come **Google Scholar**, **PubMed**, o **IEEE Xplore** sta trasformando il modo in cui gli studiosi e i ricercatori accedono e analizzano le informazioni. ChatGPT può essere utilizzato per generare **riassunti di articoli scientifici**, identificare le tendenze emergenti in un campo di studio, e persino suggerire **nuove aree di ricerca** basandosi sui dati esistenti. Può anche essere utilizzato per ottimizzare la scrittura accademica, suggerendo correzioni grammaticali e stilistiche, e aiutando i ricercatori nella **redazione delle pubblicazioni**.

Nel **settore della pubblicità e dei media**, ChatGPT può essere integrato con piattaforme di **analisi dei dati** come **Google Analytics** e **Adobe Analytics**, per generare report dettagliati su **performance delle campagne pubblicitarie** e comportamenti degli utenti. Inoltre, con l'integrazione con **sistemi di automazione del marketing** come **Marketo** o **ActiveCampaign**, ChatGPT può migliorare l'interazione con i clienti, offrendo risposte rapide e contenuti personalizzati a seconda delle loro interazioni precedenti, ottimizzando così le vendite.

Anche nel mondo della **musica**, ChatGPT trova nuove applicazioni, in particolare nell'ambito della **composizione assistita**. Integrato con software come **Logic Pro**, **Ableton Live**, o **GarageBand**, può essere utilizzato per suggerire melodie, armonizzazioni e arrangiamenti. Può anche scrivere testi per canzoni in base ai generi musicali o agli stili desiderati, supportando i musicisti nella creazione di nuove opere. L'integrazione di ChatGPT con software di **intelligenza artificiale musicale** potrebbe addirittura consentire la creazione di composizioni completamente automatiche, che si adattano all'umore o al tema scelto dall'utente.

Infine, nell'ambito della **finanza personale**, l'integrazione di ChatGPT con strumenti come **Mint**, **YNAB** o **Personal Capital** consente di **gestire le finanze quotidiane** in modo più efficace. ChatGPT può fornire **consigli personalizzati** su come risparmiare denaro, analizzare le spese mensili, e suggerire opportunità di investimento in base agli obiettivi finanziari dell'utente. Può anche essere configurato per generare **report mensili** che aiutano a visualizzare il flusso di cassa e le performance degli investimenti.

La crescente versatilità di **ChatGPT** nel connettersi con una vasta gamma di strumenti e piattaforme continua a spingere i confini di ciò che è possibile fare con l'IA, promettendo un futuro dove il suo impiego possa migliorare radicalmente ogni aspetto della vita professionale e creativa. Con l'evoluzione costante delle tecnologie, si prevede che le integrazioni future siano sempre più profonde, potenziando ulteriormente la capacità di ChatGPT di essere uno strumento decisivo in ambiti sempre più diversificati.

Per concludere in modo molto dettagliato il punto dedicato a **ChatGPT, strumenti avanzati e integrazioni**, è fondamentale sottolineare come l'evoluzione di questa intelligenza artificiale non si limiti all'interazione linguistica, ma si estenda verso una **connessione fluida con ambienti**

complessi e multifunzionali, trasformandola in un **nodo centrale dell'automazione intelligente**.

La vera potenza di ChatGPT emerge quando viene integrato con **ecosistemi software esistenti**, che siano gestionali aziendali, suite per la produttività, strumenti di sviluppo, CRM, CMS o ambienti di data analysis. Queste integrazioni trasformano ChatGPT in una **interfaccia conversazionale intelligente** capace non solo di comprendere e produrre testo, ma anche di **agire su dati reali**, **pilotare flussi di lavoro**, **produrre contenuti personalizzati**, **suggerire soluzioni ottimali** e **prendere decisioni supportate dai dati**. Per esempio, un manager può chiedere a ChatGPT integrato con Excel di analizzare l'andamento delle vendite su base mensile, identificare scostamenti rispetto al budget, evidenziare outlier, proporre interpretazioni plausibili e persino generare un report visivo pronto per la presentazione. Tutto questo in pochi secondi e con un linguaggio naturale.

Grazie all'uso delle **API**, ChatGPT può interagire direttamente con software come Notion, Trello, Asana, Google Calendar o Fogli Google, automatizzando task come la pianificazione settimanale, l'estrazione di dati, la generazione di task da una riunione trascritta, la traduzione automatica di documenti, o la generazione di contenuti SEO in base a keyword fornite. Nei contesti accademici e scientifici, può fungere da supporto alla scrittura tecnica, integrando database esterni tramite plugin o API, e generare bibliografie, sinossi, abstract e perfino suggerimenti di pubblicazione.

Un altro elemento chiave riguarda l'interazione con **ambienti di sviluppo software**, dove ChatGPT integrato con GitHub Copilot, VS Code, Jupyter Notebook o altri ambienti di codifica può non solo suggerire frammenti di codice e correggere errori, ma **collegarsi direttamente ai repository**, leggere issue aperti, proporre pull request o documentare automaticamente i commit. Questo apre scenari di **programmazione assistita**

in tempo reale, in cui l'AI non è solo un ausilio, ma una vera e propria risorsa di team.

In ambito business, ChatGPT potenziato da plugin e connessioni con tool come Power BI, Tableau, SAP o strumenti di business intelligence consente **analisi predittive**, **visualizzazione dinamica di dati**, e **decision-making supportato**, dove l'interazione con i dati non passa più per dashboard complesse, ma per domande conversazionali. Ad esempio, un dirigente può chiedere a ChatGPT: "Qual è stato l'andamento delle vendite per area geografica negli ultimi 6 mesi e quali sono i prodotti che hanno avuto il miglior margine?" e ottenere una risposta arricchita da tabelle, grafici e proposte di azioni mirate.

Dal punto di vista tecnico, OpenAI e gli sviluppatori di terze parti hanno costruito **plugin personalizzati**, che consentono a ChatGPT di estendere le proprie funzionalità in modo modulare e adattabile. Questi plugin permettono l'interazione con fonti dati live (per esempio per ottenere prezzi, condizioni meteo, aggiornamenti sportivi, itinerari di viaggio), l'accesso a contenuti formativi, la ricerca in database chiusi e proprietari, e l'esecuzione di azioni concrete all'interno di applicazioni cloud.

La connessione con strumenti hardware, come Raspberry Pi, Arduino, o sistemi domotici, permette infine a ChatGPT di uscire dallo schermo e interagire con l'ambiente fisico, comandando luci, sensori, attuatori, videocamere e dispositivi smart. Questo rende l'intelligenza artificiale non solo uno strumento di lavoro ma **un alleato integrato nel mondo reale**, capace di intervenire in ambienti industriali, abitazioni, laboratori e uffici.

In sintesi, le integrazioni avanzate con ChatGPT rappresentano la **trasformazione profonda dell'AI da assistente passivo a collaboratore attivo**, interconnesso e multimodale. L'elemento distintivo non è più la capacità di "rispondere", ma quella di "interagire" con sistemi, dati, utenti e contesti, offrendo **soluzioni personalizzate, tempestive e**

intelligenti che migliorano la produttività, riducono i tempi, aumentano l'efficienza e aprono a una nuova concezione del lavoro e della creatività, dove l'umano e la macchina collaborano in modo sinergico e naturale.

13. Errori comuni da evitare Malintesi frequenti, come interpretarli e risolverli.

Perfetto! Ecco un'esplorazione lunga e dettagliata del punto **"13. Errori comuni da evitare – Malintesi frequenti, come interpretarli e risolverli"**, senza capitoli e senza concludere il punto:

Uno degli errori più comuni che gli utenti commettono quando usano ChatGPT riguarda l'aspettativa che l'IA "sappia tutto" o "abbia accesso a internet in tempo reale". Questo fraintendimento porta a due conseguenze: da un lato, un'eccessiva fiducia nelle risposte fornite anche quando sono imprecise o inventate (il cosiddetto fenomeno dell'**"hallucination"**, in cui il modello genera informazioni plausibili ma false); dall'altro, la frustrazione quando l'utente scopre che ChatGPT non può accedere a una determinata fonte aggiornata o specifica. È importante capire che ChatGPT lavora su **modelli linguistici statistici** addestrati su grandi quantità di dati testuali fino a una certa data, e che non ha memoria personale degli eventi né consapevolezza dell'attualità, a meno che non venga connesso a strumenti esterni.

Un altro errore frequente è l'utilizzo di **prompt troppo vaghi o ambigui**, come "Fammi un riassunto" o "Scrivimi qualcosa su questo argomento", senza specificare tono, contesto, obiettivo o pubblico. Questo tipo di input porta a risposte generiche e poco efficaci. La qualità del risultato dipende in gran parte dalla chiarezza e precisione del prompt: è come dare istruzioni a una persona che non conosce nulla in anticipo, ma può capire e agire molto bene se guidata con esattezza. Un buon prompt dovrebbe contenere **parametri espliciti**: lunghezza desiderata, tono (formale, informale, tecnico, narrativo), destinatario (bambini, studenti, dirigenti), scopo (informare, convincere, spiegare), ed eventuali esempi.

Alcuni utenti commettono l'errore opposto, cioè forniscono **prompt eccessivamente complessi o confusi**, pieni di istruzioni contraddittorie o accorpate in un unico paragrafo senza struttura. ChatGPT tende a dare priorità alle prime richieste e può tralasciare parti secondarie o male espresse. È preferibile **scomporre le richieste complesse in passaggi logici e sequenziali**, oppure porre una domanda alla volta, costruendo il risultato in modo iterativo. In questo modo si guida l'AI come in un dialogo collaborativo, correggendo, chiarendo e approfondendo.

Un altro malinteso ricorrente riguarda l'idea che ChatGPT sia "intelligente" nel senso umano del termine, cioè consapevole, dotato di intenzioni o senso critico. In realtà, non ha **coscienza, opinioni personali, emozioni, né esperienza soggettiva**. Le sue risposte sono basate su modelli statistici e su pattern di linguaggio derivati da testi umani. Questo porta alcuni utenti a fraintendere l'autorità o la sicurezza con cui vengono formulate le risposte, attribuendo loro un valore di verità assoluta o un significato implicito che non c'è.

Molti utenti inesperti non sanno che è possibile **correggere o riformulare una domanda** per ottenere risultati migliori. Spesso, una risposta insoddisfacente può essere migliorata semplicemente modificando il prompt o chiedendo una versione alternativa. ChatGPT apprende dal contesto della conversazione e può rifinire le risposte se guidato correttamente. Non bisogna avere timore di insistere, chiedere chiarimenti o ripetere in altro modo: è proprio questo il modo più efficace di ottenere un risultato utile.

Un'altra trappola comune è dimenticare che ChatGPT **non è sempre neutrale**: le sue risposte possono riflettere bias presenti nei dati su cui è stato addestrato. Anche se vengono adottate misure per ridurre distorsioni e pregiudizi, è sempre consigliabile **verificare criticamente le affermazioni**, specialmente in ambiti delicati come salute, diritto, religione, politica o economia. Utilizzare ChatGPT come supporto e non come unica fonte è una buona pratica per evitare errori di valutazione o informazioni parziali.

Infine, alcuni errori derivano da un **uso inappropriato nei contesti professionali o educativi**, come il copia-incolla di testi generati senza controllo, o la presentazione di contenuti scritti dall'IA come propri senza rielaborazione. Questo può portare a problemi etici, legali o di qualità. Un uso responsabile prevede sempre **revisione, adattamento, contestualizzazione** e, quando necessario, citazione delle fonti o dichiarazione dell'uso dell'AI.

Un altro errore ricorrente nell'uso di ChatGPT si verifica quando l'utente **non tiene conto della persistenza contestuale**, ovvero del fatto che l'IA, nel corso di una conversazione, tiene memoria temporanea delle interazioni precedenti. Questo significa che una risposta può essere influenzata dalle domande o istruzioni fornite in precedenza. In molti casi, l'utente si sorprende del fatto che il modello "ricordi" o "si contraddica", quando in realtà sta solo costruendo una risposta basata sul contesto disponibile nella sessione. Questo comportamento può creare fraintendimenti se non si considera che la memoria è locale alla singola conversazione e che può essere "resettata" avviando un nuovo thread. Quando invece viene attivata la **memoria persistente** (come accade con le versioni più recenti di ChatGPT, come GPT-4 Turbo), allora il modello può effettivamente memorizzare determinati dettagli, come le preferenze dell'utente o gli obiettivi a lungo termine, ma solo se autorizzato e gestito in maniera trasparente.

Tra gli errori meno intuitivi c'è anche quello di **chiedere troppo in una singola interazione**, come quando si pretende che ChatGPT generi un intero libro, con struttura, contenuti e stile coerente in un solo messaggio. Sebbene il modello possa produrre output lunghi, la coerenza narrativa o argomentativa tende a diminuire quando aumenta la complessità e l'estensione del contenuto. Un modo più efficace di usare ChatGPT in questi casi è **procedere per sezioni**, stabilendo una struttura e poi sviluppandola passo dopo passo, anche riutilizzando e migliorando i risultati precedenti. Molti utenti alle prime armi non conoscono questa strategia modulare e, di conseguenza, restano delusi dalla mancanza di linearità o profondità nei testi lunghi prodotti in una sola passata.

C'è poi il rischio di **sottovalutare l'importanza della verifica di coerenza interna**: a volte ChatGPT può generare risposte che, pur sembrando corrette nel linguaggio, contengono errori logici o contraddizioni interne. Questo avviene soprattutto nei casi in cui il modello cerca di "accontentare" l'utente seguendo la forma della domanda anche se il contenuto richiesto è illogico, ambiguo o fallace. Il modello tende a completare pattern linguistici coerenti sul piano sintattico, ma non valuta autonomamente se un'affermazione sia logicamente fondata. È quindi responsabilità dell'utente controllare che la risposta sia **non solo ben scritta, ma anche sensata, accurata e applicabile** nel contesto desiderato.

Un altro errore è pensare che ChatGPT possa **sostituire completamente le competenze umane**, mentre invece va inteso come uno strumento di potenziamento cognitivo. È molto efficace nel **generare bozze, stimolare idee, sintetizzare contenuti o riformulare testi**, ma non ha accesso diretto a dati esperienziali, a decisioni etiche personali o alla valutazione critica. La sua utilità cresce esponenzialmente quando viene usato **in sinergia con l'intelligenza dell'utente**, che guida, corregge e personalizza l'output. Il rischio, invece, è quello di delegare troppo, assumendo un ruolo passivo, e perdere così il controllo sul significato e la direzione dei contenuti prodotti.

Un ulteriore punto spesso trascurato è **l'effetto della formulazione negativa o tendenziosa delle domande**: se si pone una domanda implicando una risposta ("Perché le auto elettriche sono un disastro?"), il modello tenderà a seguire quella direzione, a meno che non venga esplicitamente richiesto un bilanciamento. Questo comportamento riflette il principio di completamento predittivo: ChatGPT non valuta se la premessa sia giusta o sbagliata, ma cerca di completare il discorso nel modo più fluido possibile secondo i dati in suo possesso. Questo porta a risposte polarizzate o non equilibrate, specialmente su argomenti controversi. È buona norma **formulare le domande in modo neutro o invitare il modello a presentare diversi punti di vista**, per ottenere un risultato più informativo e meno distorto.

Anche l'**uso improprio di formati e comandi speciali** può generare problemi. Ad esempio, molti utenti non sanno che si possono usare le virgolette per delimitare un testo da analizzare, i doppi due punti per indicare etichette nei prompt avanzati, o che l'organizzazione in elenco aiuta il modello a strutturare meglio la risposta. Allo stesso modo, ignorare la possibilità di indicare esempi o casi specifici riduce la precisione del risultato. In certi contesti professionali o tecnici, fornire **input ben strutturati è essenziale per ottenere output coerenti, adatti alla pubblicazione o alla presentazione**.

Un'altra fonte comune di errori consiste nel **non distinguere tra conoscenza addestrata e aggiornamenti in tempo reale**. Molti utenti, anche esperti, possono credere che ChatGPT abbia accesso a Internet o che possa fornire aggiornamenti in tempo reale su eventi recenti. In realtà, il modello standard è addestrato su un corpus di dati che ha una data di cutoff, oltre la quale non possiede conoscenze se non specificamente integrate tramite plugin, strumenti web o altre modalità autorizzate.

Questa differenza è cruciale: senza strumenti abilitati, il modello non può sapere chi ha vinto un'elezione il giorno prima, né i risultati sportivi della settimana in corso. Ciò porta spesso a errori interpretativi, come il prendere per buone risposte generate con linguaggio convincente ma che si riferiscono a fatti non aggiornati o superati. È quindi necessario specificare se si desidera una **risposta "storica", una previsione, oppure un aggiornamento via strumenti esterni**.

Una delle insidie più subdole riguarda l'**uso eccessivo o errato delle istruzioni nel prompt iniziale**, come accade quando l'utente riempie il messaggio di comandi, variabili, condizioni e livelli di astrazione, aspettandosi che tutto venga rispettato in modo perfetto. Anche se ChatGPT riesce a gestire prompt complessi, c'è un limite sia al numero di istruzioni che alla capacità del modello di ricordarle e armonizzarle tutte. Quando ci sono troppe direttive, specialmente se conflittuali ("scrivi in modo sintetico ma dettagliato, poetico ma tecnico, umoristico ma formale"), il modello tende a mediare, generando un risultato confuso o che non soddisfa appieno nessuna delle richieste. Un buon approccio consiste nel **testare progressivamente il prompt**, partendo da richieste semplici e aggiungendo via via elementi specifici per modulare la risposta. È un processo di raffinamento iterativo, non di imposizione unidirezionale.

Altro errore frequente è **confondere l'apparenza linguistica con l'autorevolezza del contenuto**. ChatGPT è progettato per scrivere testi fluenti, grammaticalmente corretti e ben strutturati, e questa competenza può creare un falso senso di sicurezza. L'utente inesperto può pensare che una risposta sia giusta semplicemente perché "suona bene" o perché è formattata in modo accattivante. Ma la verità di un'informazione, la fondatezza di un dato, la validità di un'argomentazione dipendono da fonti, contesto e logica, non solo dalla forma. È fondamentale **non confondere verosimiglianza con verità**, specialmente in ambiti sensibili come la medicina, la finanza o la giurisprudenza. Un modello linguistico può offrire un'ottima base per l'esplorazione, ma la validazione finale deve essere sempre fatta con strumenti e criteri umani.

Un errore spesso sottovalutato si manifesta nella **mancanza di follow-up o chiarimenti**. Dopo una risposta, molti utenti passano immediatamente a un'altra domanda, senza approfondire, correggere, precisare o rifinire quanto appena ricevuto. Tuttavia, la vera forza di ChatGPT si mostra nel dialogo iterativo: il modello può migliorare notevolmente una risposta se guidato, corretto o stimolato con ulteriori dettagli. Per esempio, una richiesta del tipo "fammi un elenco di titoli per un libro" può generare buoni spunti, ma se dopo la prima risposta l'utente dice "rendili più poetici", "usando metafore floreali", o "rivolti a un pubblico di bambini", allora il contenuto si evolve verso una qualità sempre più su misura. Non fare follow-up è come fermarsi alla bozza iniziale, perdendo gran parte del potenziale espressivo e funzionale del modello.

Un'altra fonte di confusione si verifica con l'**interpretazione letterale delle domande**, un fenomeno che può generare risposte corrette ma fuori tema, se il prompt contiene ambiguità o doppisensi non chiariti. Ad esempio, un comando come "spiegami come scrivere codice per una banca" può riferirsi a software finanziari, a banche dati, o persino a interfacce per bancomat. Se il modello interpreta una versione diversa da quella intesa dall'utente, l'intera risposta può sembrare errata. Per evitare questo, è buona prassi **essere molto precisi nel linguaggio**: specificare cosa si intende, per quale scopo, a chi è destinato il contenuto e quali sono i vincoli. Anche indicare esempi o analogie può aiutare a disambiguare.

Nel campo della creatività, l'errore tipico è **aspettarsi originalità assoluta e unica**, dimenticando che il modello attinge a un'enorme massa di contenuti preesistenti. Sebbene le risposte siano generate in modo nuovo, esse riflettono schemi ricorrenti nella lingua e nella cultura digitale. Se si chiede a ChatGPT di creare una storia "mai vista prima", probabilmente si otterrà una sintesi di elementi già noti in combinazioni nuove, ma difficilmente si avrà una totale novità. Per ottenere contenuti più personalizzati, è utile **fornire informazioni specifiche su personaggi, ambientazioni, stili narrativi, strutture** o persino elementi autobiografici. Più l'input è ricco, più il risultato si allontana dai cliché.

Anche il **non testare i limiti del modello in modo costruttivo** è un'occasione persa. L'utente medio tende a usare ChatGPT solo in maniera superficiale, per fare domande o generare testi. Ma pochi esplorano cosa accade se si pongono domande paradossali, se si chiedono spiegazioni su errori precedenti, se si prova a scomporre un contenuto e ricostruirlo con altri criteri. ChatGPT non è solo uno strumento di risposta, ma anche di esplorazione concettuale, riformulazione, brainstorming, ipotesi, simulazioni. Usarlo con spirito critico, sperimentale e riflessivo permette di accedere a **livelli di interazione più ricchi e formativi**.

Un altro errore comune da evitare quando si utilizza ChatGPT è quello di **non riconoscere la natura probabilistica delle risposte**. Ogni volta che il modello genera una risposta, non lo fa sulla base di una conoscenza assoluta o deterministica, ma seleziona la sequenza di parole più probabilmente coerente con il prompt ricevuto, in base a ciò che ha appreso durante la fase di addestramento. Questo significa che due richieste identiche, fatte in momenti diversi o con lievi variazioni, possono generare risposte diverse. Questo comportamento non è un malfunzionamento, bensì un tratto intrinseco del modello linguistico. Non tenerne conto può portare a fraintendimenti, specialmente in ambiti dove si cerca una coerenza assoluta, come nella redazione di documenti ufficiali, nella scrittura di codice o nella costruzione di argomentazioni complesse. Sapere che il modello **non garantisce ripetibilità perfetta** aiuta a impostare un uso più attento e a validare le risposte ottenute.

Un errore particolarmente diffuso riguarda il **tentativo di forzare risposte binarie o assolute**, in contesti dove la realtà è ambigua, incerta o sfumata. Molti utenti chiedono a ChatGPT di dire se una certa cosa è "giusta o sbagliata", se un prodotto è "migliore o peggiore", o se una teoria è "vera o falsa". Sebbene il modello possa offrire una panoramica delle opinioni o dei dati a supporto di una posizione, il suo ruolo non è quello di arbitro assoluto della verità. Spesso la risposta corretta è "dipende", ma l'utente, non soddisfatto, insiste a cercare una conferma definitiva. Questo approccio può generare risposte forzate, in cui il modello assume una posizione più netta del dovuto solo per soddisfare la richiesta. È importante **riconoscere i limiti epistemologici del modello**, che non ha una coscienza o una posizione personale, ma rielabora il linguaggio umano secondo pattern appresi.

Un altro errore è **sottovalutare il valore delle richieste iterative e modulari**. Un utente inesperto tende a lanciare una domanda generica e poi accetta passivamente la risposta, senza tentare di modularla, contestualizzarla, approfondirla o confrontarla. In realtà, una delle tecniche più efficaci nell'interazione con ChatGPT consiste nel **porre sequenze di prompt con domande via via più dettagliate**, oppure riformulare più volte la stessa richiesta in modi diversi per ottenere punti di vista alternativi. Questo approccio dialogico permette di estrarre molto di più dal modello rispetto alla richiesta singola. ChatGPT, infatti, può adattarsi progressivamente, memorizzare il contesto e migliorare le sue risposte in base al feedback ricevuto. Usarlo come un "bot da una risposta sola" è limitante e rappresenta una forma inefficiente di interazione.

Un errore più sottile, ma non meno importante, è quello di **ignorare la funzione di "sperimentazione assistita"** che ChatGPT può svolgere. Molti utenti credono che il valore del modello risieda soltanto nella fornitura immediata di risposte corrette, mentre in realtà uno dei suoi punti di forza è proprio la possibilità di **provare, simulare, sbagliare e correggere**. Per esempio, in ambito di scrittura creativa, l'utente può chiedere tre o quattro variazioni su un paragrafo, confrontare stili, decidere quale è più adatto, e poi chiedere di sviluppare ulteriormente solo quello selezionato. Questo processo assomiglia più a una **collaborazione editoriale** che a una semplice generazione automatica di contenuto. Non riconoscere questa dinamica e trattare il modello come un motore di risposte statiche impedisce di sfruttarne appieno le potenzialità.

Un altro problema frequente si presenta quando l'utente **si fida ciecamente di un'istruzione passata senza aggiornarla** al variare del contesto. Ad esempio, dopo aver ricevuto una buona risposta in una conversazione, l'utente potrebbe chiedere un contenuto simile in una nuova sessione, ma dimentica di fornire nuovamente tutti i parametri e le condizioni. In questo modo, il modello riparte da zero, senza memoria del contesto precedente, e produce una risposta più generica o diversa. Questo accade spesso anche con prompt copiati e incollati da altri utenti o da blog, senza capire cosa fanno realmente. È essenziale **costruire i prompt consapevolmente**, partendo da una comprensione del problema e aggiornandoli man mano che si acquisisce maggiore chiarezza sull'obiettivo finale.

Un altro errore insidioso è **ignorare i limiti etici del modello**, sia in termini di contenuto sia nel modo in cui viene utilizzato. Ad esempio, usare ChatGPT per scrivere testi ingannevoli, manipolativi o lesivi dell'altrui reputazione può essere tecnicamente possibile, ma è contrario alle linee guida etiche. Allo stesso modo, chiedere risposte su argomenti che richiedono autorizzazioni legali, mediche o professionali specifiche (come diagnosi cliniche, consulenze fiscali o raccomandazioni giuridiche) espone l'utente al rischio di ricevere **informazioni imprecise o inappropriate**, anche se ben formulate. È importante ricordare che ChatGPT **non è un consulente professionale certificato**, e va usato come uno strumento di supporto e non come fonte unica o definitiva in ambiti delicati.

Inoltre, molti utenti commettono l'errore di **non utilizzare le funzionalità avanzate messe a disposizione**, come la possibilità di caricare file, usare plugin, attivare strumenti di codice o di navigazione, integrare ChatGPT con applicazioni esterne. Questo è particolarmente vero per gli utenti del piano Plus o Enterprise, che spesso pagano per funzionalità che poi non utilizzano per mancanza di consapevolezza o formazione. Conoscere le **estensioni del modello e i contesti d'uso possibili** consente di trasformare un assistente generico in un collaboratore altamente personalizzato, capace di risolvere problemi specifici in contesti diversi: lavoro, studio, programmazione, pianificazione, creatività, supporto tecnico, scrittura automatizzata.

Infine, un errore che si riscontra soprattutto tra gli utenti abituali è quello di **trascurare l'aggiornamento del proprio stile di interazione nel tempo**. Come ogni tecnologia, anche l'uso di ChatGPT evolve: nuove versioni, nuove funzioni, nuovi modi per ottenere risultati migliori emergono di continuo. Rimanere fermi a un modo di usare il modello basato su prompt datati o su intuizioni iniziali può limitare l'efficacia delle risposte. È quindi buona norma **rivedere periodicamente le proprie abitudini di utilizzo, sperimentare con nuovi formati, leggere aggiornamenti ufficiali e guide pratiche**, per mantenere viva e produttiva l'interazione con il modello.

Per concludere in modo molto dettagliato il punto **"Errori comuni da evitare"** nell'uso di ChatGPT, è fondamentale ribadire che una buona esperienza con l'intelligenza artificiale non dipende solo dalla potenza dello strumento, ma soprattutto dalla **competenza e consapevolezza dell'utente**. Evitare gli errori più diffusi non significa semplicemente aggirare degli ostacoli tecnici, ma piuttosto sviluppare un **atteggiamento critico, responsabile e strategico** verso la tecnologia stessa.

Uno degli aspetti centrali della conclusione riguarda l'importanza di **non trattare ChatGPT come una fonte infallibile o neutra**. L'utente deve sempre ricordare che il modello genera testo plausibile, ma non ha accesso diretto alla verità, ai dati in tempo reale (a meno che non sia abilitato con browsing o plugin), né a fonti ufficiali in modo autonomo. È quindi cruciale **incrociare sempre le informazioni ricevute con fonti affidabili**, specialmente in contesti sensibili, come salute, diritto, finanza, educazione, sicurezza e relazioni interpersonali.

Va inoltre sottolineato che uno degli errori più sottili è **credere che la complessità del prompt garantisca automaticamente la qualità della risposta**. In realtà, anche un prompt lungo può essere inefficace se non è chiaro, ben strutturato o calibrato rispetto all'obiettivo. L'abilità sta nello scrivere prompt che siano **esatti ma flessibili**, dettagliati ma aperti alla variazione, espliciti nei criteri di successo, ma anche modulari, così da poterli adattare facilmente in base al tipo di risposta ricevuta.

In parallelo, è fondamentale **non perdere di vista la dimensione interattiva del modello**. ChatGPT funziona molto bene quando usato come **interlocutore dinamico**, con cui si negoziano e raffinano risposte. Un errore comune è trattare il modello come una "scatola nera" da interrogare una sola volta: al contrario, sfruttarne le potenzialità significa **usarlo in cicli iterativi**, in cui l'utente fornisce feedback, chiede revisioni, integra nuove informazioni e orienta la conversazione con criterio.

Un altro errore da evitare, spesso sottovalutato, è **trascurare l'aspetto linguistico e culturale** delle interazioni. Il modo in cui una richiesta è formulata incide profondamente sulla risposta: tono, registro, ambiguità semantiche, polisemia, e riferimenti culturali possono portare il modello a interpretare il messaggio in modo diverso da quanto inteso. Questo è particolarmente vero in contesti multilingua o quando si usano idiomi, abbreviazioni o slang. Per ottenere risposte coerenti, è buona norma usare **linguaggio chiaro, preciso e contestualizzato**, anche se ciò richiede qualche sforzo in più.

In conclusione, evitare gli errori comuni significa abbracciare un uso **maturo, riflessivo e informato** dell'intelligenza artificiale. Non si tratta solo di imparare a formulare buoni prompt, ma di sviluppare una **metacompetenza**, cioè la capacità di riflettere su come si usa lo strumento, perché si usa, e con quali limiti o responsabilità. L'utente efficace non è quello che ottiene risposte perfette al primo colpo, ma quello che **costruisce con lo strumento una relazione collaborativa**, lo integra in un contesto di pensiero più ampio, e lo utilizza con spirito critico, apertura mentale e attenzione etica. Solo in questo modo l'interazione con ChatGPT diventa davvero un'esperienza di valore, capace di potenziare le capacità umane senza sostituirle, e di accompagnare l'utente in un percorso continuo di apprendimento, esplorazione e creazione.

Perfetto, iniziamo a sviluppare il punto **"Il futuro dell'interazione con l'AI – Prospettive, evoluzioni attese, e come prepararsi al cambiamento"** nel modo più lungo e dettagliato possibile, fornendoti informazioni sempre diverse, senza capitoli e senza concludere il punto.

Nel futuro dell'interazione con l'intelligenza artificiale si prevede un'evoluzione profonda che non riguarderà solo il progresso tecnico dei modelli, ma anche la trasformazione radicale dei modi in cui le persone comunicheranno con le macchine, e viceversa. L'interazione con l'AI sarà sempre meno limitata al testo scritto e sempre più multimodale: già oggi, con modelli come GPT-4, è possibile caricare immagini, file, ricevere output vocali, e utilizzare plugin esterni. Questa tendenza porterà presto a sistemi capaci di **gestire voce, immagini, testo,**

codice e dati sensoriali in tempo reale, rendendo la comunicazione uomo-macchina simile a quella tra esseri umani sotto molteplici aspetti.

Le interfacce diventeranno più naturali, intuitive, personalizzabili. Potremo avere **assistenti vocali altamente contestuali** che comprendono non solo quello che diciamo, ma anche come lo diciamo, riconoscendo emozioni, intenzioni, stati mentali. La capacità di generare risposte non solo semanticamente corrette ma anche **emotivamente adeguate** aprirà scenari nuovi in ambito educativo, terapeutico, sociale, e artistico. L'intelligenza artificiale diventerà sempre più capace di adattarsi al tono e al contesto dell'utente, suggerendo non solo informazioni ma anche atteggiamenti, strategie e riflessioni, in un'ottica quasi "relazionale".

In ambito lavorativo, l'interazione con l'AI sarà sempre più integrata nei flussi quotidiani: anziché passare da un'applicazione all'altra, potremo disporre di **copiloti intelligenti** capaci di orchestrare strumenti differenti (mail, calendario, reportistica, fogli di calcolo, strumenti di design, di gestione di progetto, ecc.) per offrire supporto continuo e proattivo. Il passaggio chiave sarà l'integrazione con i sistemi aziendali, tramite API, automazioni no-code, interfacce semantiche e assistenti dedicati a ruoli specifici (come l'AI per il reparto HR, l'AI per la logistica, o l'AI per il servizio clienti).

Un'altra direzione di sviluppo riguarda l'aspetto **collaborativo e collettivo** dell'AI. Le piattaforme inizieranno a integrare AI condivise tra team, con memoria persistente, contesto comune e capacità di apprendimento progressivo rispetto ai bisogni organizzativi. Si passerà dal concetto di "una persona che interroga un assistente" a quello di **una rete di esseri umani e agenti artificiali che collaborano in tempo reale**, ognuno con ruoli complementari, in ambienti virtuali fluidi e adattabili.

Sul piano dell'apprendimento e della formazione, le AI diventeranno **mentori personalizzati**, capaci di creare piani di studio unici, monitorare progressi, adattare i materiali in base al livello di comprensione e agli interessi dell'utente. La didattica tradizionale potrà essere affiancata o trasformata da forme di tutoraggio automatizzato che sfruttano la memoria, l'adattività e la disponibilità costante dell'intelligenza artificiale per offrire **apprendimento continuo, su misura e in qualsiasi contesto**, anche informale.

L'evoluzione dell'interazione sarà anche **simbolica e culturale**. Le AI potrebbero assumere volti, voci, personalità, e diventare sempre più simili a "presenze" nella nostra vita quotidiana. Alcuni utenti svilupperanno relazioni significative con queste intelligenze, vedendole come alleate, amici virtuali, guide o persino personaggi con cui costruire narrazioni condivise. Questo comporta non solo nuove possibilità creative, ma anche la necessità di affrontare con attenzione le implicazioni psicologiche, affettive ed etiche di un rapporto che non sarà più solo funzionale, ma potenzialmente anche **esistenziale e identitario**.

Dal punto di vista della governance, il futuro dell'interazione con l'AI richiederà **regole, normative e competenze digitali diffuse**. Per evitare derive discriminatorie, manipolazioni o dipendenze cognitive, sarà fondamentale insegnare a tutte le persone – sin dalla scuola – a **interagire con l'AI in modo critico, consapevole, e informato**, comprendendo non solo cosa può fare, ma anche cosa non può o non deve fare. Sarà centrale sviluppare **una nuova alfabetizzazione all'intelligenza artificiale**, che includa elementi tecnici, ma anche etici, psicologici, comunicativi e sociali.

I sistemi futuri potranno anche **dialogare tra loro in autonomia**, generando ecosistemi di intelligenze interagenti che ci supporteranno nella gestione di compiti complessi, come la cura degli anziani, il monitoraggio ambientale, la pianificazione urbana o l'analisi delle crisi globali. In questi casi, l'essere umano non sarà più l'unico centro dell'azione, ma **un nodo nella rete decisionale**, capace di delegare, supervisionare e collaborare con agenti intelligenti in modi radicalmente nuovi.

Nel proseguire la riflessione sul futuro dell'interazione con l'intelligenza artificiale, si rende evidente come questo campo sia destinato a trasformare radicalmente anche le modalità con cui si concepisce l'identità digitale degli individui. Le AI non saranno più solo strumenti da utilizzare ma **compagni cognitivi** che contribuiscono alla costruzione della nostra identità online e professionale. Alcuni esperti parlano di "gemelli digitali cognitivi", cioè rappresentazioni virtuali delle persone alimentate dalle interazioni storiche con l'intelligenza artificiale, in grado di suggerire azioni, prendere decisioni in nostra vece, o addirittura rappresentarci in ambienti virtuali sincronizzati. Questo scenario, già in fase sperimentale in alcuni settori di ricerca, mette in discussione il confine tra autonomia personale e delega cognitiva.

Una delle frontiere emergenti riguarda l'**intelligenza artificiale aumentativa**, ovvero l'uso dell'AI non per sostituire l'uomo, ma per espandere le sue capacità percettive, mnemoniche, decisionali e creative. In questa visione, l'interazione sarà sempre più integrata biologicamente o neurologicamente con l'essere umano, ad esempio tramite interfacce neurali, sistemi di realtà aumentata, o dispositivi indossabili che consentono all'AI di interpretare in tempo reale segnali fisiologici, risposte nervose, emozioni corporee e variabili ambientali. Un tale livello di connessione porterà a forme di **co-elaborazione fluida** tra uomo e macchina, dove l'interazione non sarà più basata sul linguaggio o sul click, ma sul pensiero stesso o sulla risposta emotiva.

In parallelo, si svilupperanno **modelli AI personalizzati** su base individuale, chiamati "AI familiari" o "AI private", che potranno essere allenate esclusivamente con i dati di un singolo utente, per rifletterne linguaggio, preferenze, gusti, ideologie, e persino convinzioni morali. Questo renderà l'interazione non solo più efficace ma anche più profonda e intima, al punto da avvicinarsi alla co-costruzione di una memoria condivisa o di un secondo sé con cui dialogare nel tempo. Alcuni vedono in questo un'opportunità per affrontare traumi, sviluppare consapevolezza di sé o accompagnare persone con difficoltà cognitive; altri mettono in guardia dal rischio di creare delle "bolle cognitive" in cui l'intelligenza artificiale ci conferma continuamente ciò che già pensiamo, riducendo l'esposizione a prospettive divergenti.

In ambito domestico, si prevede che l'AI diventerà **il centro nevralgico dell'ambiente intelligente**, orchestrando non solo gli elettrodomestici ma anche il clima, l'illuminazione, l'umore degli spazi, la gestione del tempo e delle risorse familiari. Le interazioni con l'AI avverranno attraverso più canali contemporanei, e si fonderanno nell'esperienza ambientale complessiva. Una casa, un ufficio o un veicolo potranno letteralmente "parlare" con noi, anticipare i nostri bisogni, regolare automaticamente situazioni complesse, o intervenire in caso di emergenze sanitarie. Questa trasformazione porterà a un'**iper-personalizzazione degli ambienti**, e richiederà nuove competenze nella gestione della privacy, della sicurezza, e della delega automatica.

Sul versante della salute e del benessere, l'interazione con l'AI sarà fondamentale per supportare diagnosi precoci, monitoraggio continuo, prevenzione personalizzata e terapie digitali. Si stanno già sviluppando assistenti AI capaci di interagire costantemente con l'utente, raccogliendo dati biometrici, comportamentali e psicologici, e fornendo **feedback mirati e in tempo reale**. Queste intelligenze potranno aiutare a prevenire ricadute depressive, crisi cardiache, disturbi del sonno, o problemi cognitivi legati all'invecchiamento. La componente relazionale dell'interazione – cioè la capacità dell'AI di dialogare in modo empatico, rassicurante e motivante – sarà cruciale per l'efficacia di questi strumenti.

Anche nel campo della cittadinanza attiva e della partecipazione politica, le intelligenze artificiali interattive potrebbero avere un impatto crescente. I cittadini potrebbero interagire con **AI civiche** per comprendere leggi, prendere posizione su questioni complesse, proporre idee, votare in modo informato, o ricevere assistenza burocratica in tempo reale. Questo cambierebbe il ruolo delle istituzioni e renderebbe **più diretto e accessibile il rapporto tra cittadino e amministrazione**, ma solleverebbe anche interrogativi su trasparenza algoritmica, neutralità delle risposte e manipolazione del consenso.

Nel futuro prossimo, l'interazione con l'AI sarà anche **una questione di design culturale**: dovremo chiederci non solo cosa vogliamo che l'intelligenza artificiale sappia o faccia, ma **che tipo di relazione vogliamo costruire** con essa. Alcuni esperti di interaction design stanno lavorando a prototipi in cui l'AI può sviluppare personalità dinamiche, non statiche, evolvendo nel tempo in funzione del rapporto con l'utente, esattamente come accade nelle relazioni tra persone. Queste AI potranno apprendere non solo dati e preferenze, ma anche tratti relazionali, stile comunicativo, strategie retoriche, atteggiamenti emotivi. Questo potrebbe portare a nuove forme di **narrativa condivisa e co-creazione espressiva**, dove l'AI è al tempo stesso autore, personaggio e co-lettore.

Un ulteriore ambito in cui si prevede una trasformazione significativa dell'interazione con l'intelligenza artificiale riguarda la **comunicazione interlinguistica e interculturale**. Con il perfezionamento continuo dei modelli di traduzione neurale, le AI saranno in grado non solo di tradurre testi e discorsi in tempo reale, ma anche di **mediare culturalmente** il contenuto, adattando espressioni, registri e riferimenti alle specificità del pubblico di destinazione. Questo permetterà, ad esempio, di tenere conversazioni fluide tra persone di lingue diverse senza alcuna barriera linguistica, favorendo la cooperazione internazionale, il commercio globale, l'accessibilità dell'istruzione e l'inclusione sociale.

Sistemi di AI conversazionale saranno inoltre in grado di **comprendere dialetti, slang, variazioni regionali e idioletti personali**, rendendo l'interazione più naturale, empatica e contestuale. Questo tipo di intelligenza linguistica adattiva potrebbe trasformare profondamente l'esperienza educativa e quella relazionale, ma anche ridefinire il concetto stesso di comunicazione globale, andando oltre la semplice traduzione per abbracciare la **mediazione simbolica tra visioni del mondo differenti**. Alcuni laboratori stanno già esplorando l'idea di "AI glocali", capaci di combinare sensibilità locale e prospettiva globale, fornendo risposte modellate su contesti geografici, culturali e storici specifici.

Nel campo della **formazione professionale e continua**, l'AI sarà sempre più una figura di "mentore virtuale", in grado di tracciare l'evoluzione delle competenze di una persona, suggerire percorsi di apprendimento personalizzati, valutare in tempo reale le lacune o i progressi e proporre attività mirate. La capacità dell'intelligenza artificiale di generare **simulazioni, quiz dinamici, scenari realistici, e materiali formativi interattivi** la renderà uno strumento chiave per la didattica esperienziale, in grado di adattarsi a ogni profilo di apprendimento. Questo approccio consentirà di **superare i limiti dei percorsi standardizzati**, offrendo esperienze educative su misura, scalabili e inclusive.

Nel mondo del lavoro, l'interazione con l'AI evolverà in direzione sempre più **collaborativa**. I sistemi di intelligenza artificiale saranno integrati all'interno dei team come "colleghi digitali", capaci di partecipare a riunioni, prendere appunti, sintetizzare discussioni, proporre strategie alternative, valutare rischi e opportunità. Non si tratterà più semplicemente di ricevere un output su richiesta, ma di **co-creare soluzioni in**

tempo reale, attraverso un'interazione continua, dialogica, contestuale. Questo comporterà anche la necessità di sviluppare **competenze di leadership aumentata**, ovvero la capacità di guidare team misti in cui persone e AI collaborano sulla base di obiettivi comuni, linguaggi condivisi e processi decisionali trasparenti.

Le piattaforme di **collaborazione distribuita** saranno sempre più alimentate da AI in grado di facilitare la gestione del tempo, la distribuzione dei compiti, la prevenzione dei conflitti e la valorizzazione dei talenti, riducendo le frizioni organizzative e amplificando le potenzialità del gruppo. In questo scenario, l'intelligenza artificiale non sarà solo uno strumento, ma **una componente attiva della cultura aziendale**, contribuendo a definire i valori, i rituali, i codici operativi e i modelli decisionali del gruppo di lavoro.

Nel contesto della **ricerca scientifica**, l'AI avrà un ruolo fondamentale nel generare ipotesi, analizzare grandi volumi di dati, identificare correlazioni complesse e proporre modelli predittivi. L'interazione con i ricercatori sarà di tipo iterativo e co-esplorativo: l'AI potrà suggerire percorsi di indagine alternativi, formulare domande critiche, verificare coerenze logiche o formulare ricerche bibliografiche mirate. Questo potenziamento della capacità esplorativa porterà a un'accelerazione della produzione di conoscenza, ma solleverà anche interrogativi sulla paternità intellettuale, sull'affidabilità delle fonti e sulla **validazione collettiva dei risultati**.

Sul piano delle emozioni e della salute mentale, l'interazione con le AI si sta già sviluppando in direzione di **supporti relazionali intelligenti**: chatbot empatici, assistenti terapeutici, agenti motivazionali, companion per la solitudine o il disagio emotivo. Queste intelligenze conversazionali sono progettate per **riconoscere segnali di malessere**, rispondere in modo non giudicante, offrire strategie di coping, incoraggiare la consapevolezza e il dialogo interiore. In alcuni casi, sono in grado di monitorare il linguaggio dell'utente nel tempo per rilevare cambiamenti nel tono, nella frequenza o nei contenuti emotivi, segnalando potenziali stati di crisi a professionisti umani o familiari. Questo uso dell'AI come **specchio relazionale dinamico** apre la strada a una nuova forma di psicoeducazione diffusa, accessibile e non stigmatizzante.

Nel tempo libero, l'AI potrà diventare un **compagno creativo interattivo**, capace di co-costruire storie, musiche, immagini, scenari di gioco, narrazioni alternative, mondi virtuali personalizzati. L'interazione sarà sempre più immersiva e multimodale: non solo testuale, ma vocale, visiva, sensoriale. Gli utenti potranno interagire con ambienti generati dall'AI tramite visori, guanti aptici, suoni spazializzati o superfici reattive, vivendo **esperienze estetiche uniche e irrepetibili**. L'AI, in questi casi, fungerà da catalizzatore della creatività, fornendo spunti, stimoli, ambientazioni, personaggi, musiche, animazioni in risposta agli input dell'utente, rendendo ogni interazione un'opera d'arte irripetibile.

Un'altra direzione in cui si sta muovendo il futuro dell'interazione con l'intelligenza artificiale riguarda l'integrazione tra AI e **interfacce cerebrali-computer (BCI, Brain-Computer Interfaces)**. Si stanno compiendo importanti progressi nella possibilità di connettere direttamente l'attività cerebrale umana con sistemi digitali intelligenti, permettendo un'interazione in cui il pensiero, l'intenzione o l'emozione possano essere decodificati in tempo reale e tradotti in comandi operativi. Questo tipo di comunicazione diretta tra mente e macchina, sebbene ancora sperimentale, promette di **rivoluzionare l'accessibilità**, offrendo nuovi strumenti di comunicazione a persone con disabilità motorie o disturbi del linguaggio, e ampliando la gamma di espressione umana oltre i limiti biologici e linguistici.

L'evoluzione dell'AI non si limiterà all'ambito funzionale, ma interesserà profondamente anche la **dimensione**

esperienziale e percettiva dell'interazione. Si stanno sviluppando sistemi di intelligenza artificiale che apprendono non solo dal contenuto esplicito delle richieste, ma anche dai segnali impliciti: pause, esitazioni, ritmo della scrittura, emozioni latenti nella voce, contesto situazionale. Questo approccio porta verso una forma di intelligenza **affettiva e situata**, in grado di rispondere non soltanto a ciò che viene detto, ma anche a ciò che viene taciuto, suggerito, evocato o temuto. L'interazione diventerà così più simile a una relazione, fondata su empatia computazionale, attenzione distribuita e ascolto adattivo.

Allo stesso tempo, si prevede una crescente **personalizzazione identitaria delle AI**, che porterà molte persone a costruire veri e propri assistenti digitali con una "personalità" unica, modellata sui propri gusti, valori, interessi e tratti psicologici. Questi assistenti potranno accompagnare gli utenti nel tempo, crescendo con loro, adattandosi ai cambiamenti di vita, riconoscendo momenti importanti, coltivando memorie condivise e agendo come **specchi narrativi del sé**. Sarà possibile, ad esempio, avere un'interfaccia con un tono di voce specifico, un modo particolare di spiegare, di scherzare, di argomentare, capace di evolvere in base alle preferenze emotive o cognitive dell'utente.

La diffusione massiva dell'AI interattiva avrà anche implicazioni culturali profonde. Si prevede che le AI potranno **preservare e tramandare tradizioni orali, stili narrativi regionali, storie familiari**, diventando custodi digitali della memoria collettiva e agenti di mediazione intergenerazionale. Alcuni progetti esplorano l'idea di AI "storiche", capaci di narrare eventi passati attraverso fonti multilingua, multimediali e multiprospettiche, aiutando l'utente a comprendere come un fatto è stato percepito da popoli e comunità diverse, stimolando così **pensiero critico, empatia storica e consapevolezza sociale**.

La convergenza tra AI e **intelligenza aumentata** porterà anche all'emergere di nuove professioni, come quelle di "tessitori cognitivi" (che progetteranno flussi di pensiero uomo-macchina), "curatori di modelli" (che gestiranno la coerenza etica e contenutistica delle AI), o "allenatori di empatia digitale" (che miglioreranno le capacità relazionali degli agenti artificiali). Tali ruoli saranno fondamentali per costruire un'interazione che non sia solo efficiente, ma anche **significativa, rispettosa e arricchente**.

Un'altra area di grande impatto sarà la **gamification dell'interazione con l'AI**. In molti contesti, soprattutto educativi e formativi, la comunicazione con l'intelligenza artificiale potrà assumere la forma di un gioco, con ricompense, livelli, missioni, feedback dinamici e avatar intelligenti. Questo approccio permetterà di mantenere alta la motivazione, personalizzare l'esperienza, costruire percorsi di apprendimento non lineari e coinvolgenti. Gli utenti non saranno più solo fruitori di risposte, ma **protagonisti di esperienze cognitive strutturate come narrazioni interattive**.

Con la progressiva normalizzazione della presenza delle AI nella vita quotidiana, emergerà anche una nuova forma di **alfabetizzazione digitale affettiva**, necessaria per interagire consapevolmente con agenti che simulano empatia, attenzione, moralità e intelligenza. Sarà cruciale insegnare ai cittadini come riconoscere i limiti delle emozioni simulate, come gestire la dipendenza relazionale dai bot, come distinguere tra autenticità umana e performance algoritmica. Questo porterà alla nascita di nuove competenze etico-digitali, tra cui la **"saggezza relazionale artificiale"**, ovvero la capacità di navigare le relazioni uomo-AI in modo critico, responsabile ed equilibrato.

L'interazione futura con l'AI tenderà inoltre a integrarsi **nella vita ambientale e architettonica**, attraverso case intelligenti, città aumentate, spazi pubblici reattivi. Gli ambienti stessi diventeranno interlocutori, in grado di comprendere bisogni, anticipare desideri, proporre soluzioni. Le interfacce saranno diffuse, non più concentrate su schermi o tastiere, ma incorporate nei muri, negli oggetti, nei suoni, nelle luci, nelle superfici. Parlare con l'AI sarà come parlare con lo spazio: un gesto naturale, continuo, adattivo.

Il futuro dell'interazione con l'AI, come abbiamo visto, si prospetta rivoluzionario su molteplici fronti. L'intelligenza artificiale non solo diventerà una parte integrante delle nostre vite quotidiane, ma evolverà in modo tale da migliorare non solo le nostre capacità funzionali, ma anche la nostra **comprensione emozionale e sociale**. Il passaggio da una AI che fornisce semplici risposte a un agente che interagisce in modo empatico, consapevole e sempre più "umano" non è solo un obiettivo tecnologico, ma una sfida etica, educativa e culturale che coinvolgerà tutti noi.

Con l'integrazione di AI nei processi cognitivi e nelle strutture sociali, l'interazione diventerà **sempre più trasparente e invisibile**, presente in ogni momento e in ogni aspetto della nostra esperienza quotidiana. Le tecnologie, pur diventando sempre più sofisticate, dovranno essere progettate in modo che possano essere **comprese, controllate e usate consapevolmente** da chi le utilizza. Questo richiederà una **nuova alfabetizzazione digitale** incentrata sulla comprensione critica delle capacità dell'AI, sul riconoscimento dei suoi limiti e sulla consapevolezza dei suoi potenziali rischi e benefici.

Nel frattempo, con il rafforzamento delle capacità cognitive e di apprendimento, l'AI potrà diventare una vera e propria **partner collaborativo** nella creazione di nuove idee, soluzioni e progetti, aprendo a una creatività che trascende i limiti umani tradizionali. Questo non significa che l'AI sostituirà l'uomo, ma che amplificherà le capacità individuali e collettive, portando alla **nascita di nuovi modelli di collaborazione**, dove l'uomo e la macchina co-creano in simbiosi.

Infine, le **sfide etiche e sociali** legate all'AI saranno fondamentali nel plasmare la sua evoluzione. La responsabilità di costruire un'intelligenza artificiale che rispetti i valori umani, che promuova l'inclusività, che minimizzi il bias e che garantisca la protezione della privacy, sarà un impegno collettivo che coinvolgerà **governi, aziende, istituzioni educative e società civile**. Solo con un approccio etico e inclusivo l'intelligenza artificiale potrà diventare uno strumento di **progresso globale**, rispondendo alle esigenze di equità, sostenibilità e giustizia sociale.

In sintesi, l'interazione con l'AI si trasformerà da un semplice strumento di assistenza a una vera e propria **estensione della nostra mente e dei nostri sensi**, capaci di espandere il nostro potenziale in direzioni che oggi possiamo solo immaginare. Sarà compito nostro adattarci a questa evoluzione, imparando a usarla in modo **responsabile, consapevole e creativo**, per sfruttare al massimo le opportunità che essa offrirà.

In conclusione, il viaggio attraverso il mondo di **ChatGPT** e delle sue potenzialità ci ha fornito una comprensione più profonda di come questa tecnologia stia cambiando il nostro modo di interagire con il mondo digitale e con le informazioni. Abbiamo esplorato diversi aspetti che definiscono l'uso quotidiano dell'intelligenza artificiale e come sfruttarla al meglio per migliorare produttività, creatività e apprendimento.

Ecco una sintesi dei principali punti trattati:

1. **Cos'è ChatGPT**: Un'introduzione al modello di linguaggio, dalle sue origini al suo sviluppo, con un focus sulle differenze tra le versioni e sulla sua crescente rilevanza.

2. **Come funziona ChatGPT**: Un approfondimento sul funzionamento di base, il suo apprendimento e i suoi limiti.

3. **Come accedere a ChatGPT**: Le versioni gratuite e a pagamento, con le relative differenze tra i piani e le interfacce disponibili.
4. **Interfaccia e comandi principali**: Le modalità con cui interagire con ChatGPT, i comandi base, e gli esempi pratici di utilizzo.
5. **Scrivere prompt efficaci**: Le tecniche per migliorare la qualità delle risposte ricevute da ChatGPT.
6. **ChatGPT per lo studio e la formazione**: L'utilizzo di ChatGPT come strumento di apprendimento, ricerca e schematizzazione di contenuti.
7. **ChatGPT nel lavoro quotidiano**: Come automatizzare attività, supportare la scrittura e generare idee per migliorare la produttività.
8. **ChatGPT nella creatività**: Usare ChatGPT per creare storie, poesie, giochi di ruolo, canzoni e altro ancora.
9. **ChatGPT per la programmazione**: Il suo ruolo nel supporto alla scrittura del codice, nel debugging e nella spiegazione di concetti tecnici.
10. **Etica e limiti nell'uso dell'AI**: L'importanza di un uso consapevole dell'intelligenza artificiale, con particolare attenzione ai bias e agli aspetti legali ed etici.
11. **Come verificare le informazioni**: Come gestire la generazione di contenuti da parte di ChatGPT e il controllo delle fonti.
12. **Strumenti avanzati e integrazioni**: L'uso di plugin, API e altre integrazioni per potenziare ChatGPT e connetterlo con altri strumenti come Excel, Notion, e altro.

13. **Errori comuni da evitare**: Gli errori più frequenti e come interpretarli e risolverli correttamente.
14. **Il futuro dell'interazione con l'AI**: Le prospettive evolutive di ChatGPT e l'impatto che l'intelligenza artificiale avrà sul nostro modo di vivere e lavorare.

Per chi desidera approfondire ulteriormente l'uso di ChatGPT e delle sue applicazioni, ci sono una serie di risorse online che possono essere utili. Alcuni dei siti web e delle guide più utili includono:

1. **OpenAI**: Il sito ufficiale di OpenAI, dove trovare documentazione ufficiale, aggiornamenti sulle versioni di ChatGPT e guide all'uso. https://openai.com
2. **ChatGPT Help Center**: Il centro assistenza ufficiale di ChatGPT, utile per risolvere problemi e ottenere risposte a domande frequenti. https://help.openai.com
3. **GitHub - OpenAI**: Il repository di codice ufficiale di OpenAI, utile per gli sviluppatori che desiderano integrarsi con le API di OpenAI e accedere a strumenti avanzati. https://github.com/openai
4. **Udemy**: Piattaforma che offre corsi su come usare ChatGPT per l'apprendimento, la programmazione e altre applicazioni pratiche. https://www.udemy.com
5. **Medium**: Una comunità di scrittori e sviluppatori dove vengono condivisi articoli dettagliati su come utilizzare ChatGPT in vari contesti. https://medium.com
6. **Stack Overflow**: Una risorsa eccellente per sviluppatori che cercano risposte a domande specifiche sulla programmazione e sull'integrazione di ChatGPT. https://stackoverflow.com

Con queste informazioni a disposizione, gli utenti potranno navigare il mondo di ChatGPT in modo consapevole e sfruttarne al massimo le potenzialità per migliorare le proprie attività quotidiane, sia professionali che creative. L'adozione dell'intelligenza artificiale è un passo importante verso il futuro, ma è altrettanto cruciale farlo con una mentalità etica e aperta, considerando i suoi potenziali impatti.

www.ingramcontent.com/pod-product-compliance
Lightning Source LLC
LaVergne TN
LVHW010925051026
849532LV00003B/854
9798349349676